D1983731

Weder Topf noch Pfanne

Dürfte ich auf eine einsame Insel nur einen einzigen Kochtopf mitnehmen, ich hätte den Wok im Gepäck. Denn kein neuzeitliches Kochgeschirr ist so vielseitig einsetzbar wie der uralte Wok. Er ist weder Topf noch Pfanne, bietet aber so ziemlich jede Möglichkeit des Garens.
Frisches Gemüse, dekorativ geschnitten, zartes Fleisch, Fisch oder Meeresfrüchte bleiben schön fest und schmecken, mit exotischen Zutaten kombiniert, ganz köstlich.
Und außerdem: im Wok gegart, ist alles schnell fertig. Probieren Sie dieses »Wundergerät« mit der schönen Form doch einmal aus!
Sie werden bestimmt begeistert sein.

Die Farbfotos gestalteten
Odette Teubner
und Kerstin Mosny.

INHALT

Der Wok – uralt, aber topmodern

Schon zu unserer Zeitwende war China ein höchst sensibles Staatsgebilde, ein Vielvölkerstaat mit annähernd 60 Millionen Einwohnern. Schwer regierbar und immer wieder von Naturkatastrophen und darauffolgenden Hungersnöten heimgesucht.
Im Gegensatz zum feudalen Adel, mußte die arme Landbevölkerung schon seit jeher aus dem Wenigen, das Steuereintreiber und schlechtes Wetter übrig ließen, das beste machen. Vor allem, mit dem geringstmöglichen Verbrauch des auch in guten Zeiten chronisch knappen Heizmaterials. Die einfache chinesische Küche hat eine offene Feuerstelle oder eine Art »Herdbank« mit kreisrunden Löchern, in die die Töpfe unmittelbar über das Feuer eingesetzt werden. Der Wok, diese gelungene Mischung aus Topf und Pfanne, ist mit seinem runden Boden dafür bestens geeignet. Selbst in Europa findet man hier und da noch kleine Chinarestaurants mit dieser Art der Feuerstelle, während die meisten den sehr viel besser regulierbaren Gasbrenner bevorzugen. Moderne Woks kann man auch auf dem Elektroherd benutzen, vorausgesetzt, der äußere Topfboden ist abgeflacht. Selbst in diesem Fall ist der Innenboden zu dem weiten, hochgezogenen Rand hin abgerundet, was die Besonderheit des Woks gegenüber anderen Kochgeschirren ausmacht. Zuerst berührt das Gargut den heißen Boden, und seine Poren schließen sich schnell. Dann wird es durch ständiges Rühren oder Wenden an den weniger, aber gleichmäßig heißen Rand gewirbelt, wo es sanfter gart, ehe es wieder auf den Topfboden zurückfällt. Diese Methode erlaubt eine schnelle, vitamin- und nährstoffschonende Zubereitung, bei der sich gleichzeitig köstliche Röst- und Aromastoffe entwickeln.

Zubereitung und Garen

Typisch für die klassische Zubereitungsmethode chinesischer und vieler anderer ostasiatischer Gerichte ist das Pfannenrühren. Es hat seinen historischen Ursprung einmal in der Notwendigkeit, mit den kostbaren Brennstoffen möglichst sparsam umzugehen, und zum anderen in der großen Achtung vor allen Lebensmitteln, die so wenig wie möglich von ihrem Eigengeschmack verlieren sollen. Beides kann nur mit einer möglichst kurzen Garzeit erreicht werden. Und diese setzt wiederum voraus, daß alle Zutaten fix und fertig geputzt und möglichst kleingeschnitten bereit stehen, ehe man mit dem Kochen beginnt. Auch gemixte Würzsaucen soll-

Schön geschnittene Zutaten, vor allem knackig frisches Gemüse, sind das A und O für köstliche Gerichte aus dem Wok.

ten vorher zubereitet und Gewürze gemischt sein. Erst dann wird der Wok auf höchster Energiestufe – am besten trocken – angeheizt. Dann gibt man das Öl oder ein anderes Bratfett hinein und beginnt mit dem Garen.

Damit alle Zutaten Farbe, Aroma und »Biß« behalten, müssen sie in der richtigen Reihenfolge gegart werden. Im allgemeinen beginnt man mit dem Fleisch beziehungsweise grobfaserigem Gemüse wie Möhren oder Kohl. Was fertig angebraten ist, wird – sozusagen zum Warmhalten – an den Pfannenrand geschoben. Größere Fleisch- oder Gemüsestücke können jedoch auch auf den am Wokrand hängenden Abtropfrost gelegt werden. Danach gibt man zarte Zutaten wie Erbsen, Spinat, Keime oder Sprossen hinein. Zum Schluß werden Würzsaucen oder Garflüssigkeit und die Gewürze zugefügt und alles am Pfannenboden gemischt. Zum Rühren und Wenden kann man einen Holzspatel verwenden oder die in den meisten Fällen mitgelieferte flache Bratschaufel mit abgerundeter Vorderkante.

Am besten eignen sich jedoch Stäbchen, sofern man die Technik des Haltens und Bewegens beherrscht.

Eine besonders schonende Garmethode ist das Dämpfen. Zu den meisten Woks wird ein kleines Gitter mitgeliefert, das etwa 3 cm über dem Wokboden liegt. Es kann aus Metall, Holz oder Bambus sein. Darunter gießt man kochende Flüssigkeit und stellt einen Teller oder eine flache Schüssel mit dem Gargut auf das Gitter. Das Gargut kann auch direkt auf das Gitter gelegt werden, darf aber nicht mit der Flüssigkeit in Berührung kommen. Dann wird der Wok mit dem hohen, runden Deckel geschlossen, unter dem der aufsteigende Dampf optimal zirkulieren kann.

Ganz typisch chinesisch ist allerdings ein spezieller Dämpftopf aus Bambus, der über der kochenden Flüssigkeit steht und mit einem Bambusdeckel verschlossen wird.

Ausgesprochen gut geeignet ist der Wok zum Fritieren. Dank seiner weiten Form kann man alles, was ausgebacken werden soll, sehr gut in ihm bewegen und wenden, um eine gleichmäßige Bräunung zu erzielen. Für die fernöstliche Küche typisch ist es, Fisch und Fleisch vorher in einer würzigen Sauce zu marinieren. Sehr häufig wird das Gargut vor dem Fritieren in Maismehl oder Speisestärke oder in einem einfachen Teig gewendet. Soll die Teighülle besonders knusprig werden, muß mehrmals ausgebacken werden. Zwischendurch legt man das Gargut zum Abkühlen auf den eingehängten Abtropfrost, ebenso hinterher zum Abtropfen des überschüssigen Fetts. Fritieren im Wok macht vor allem dann Spaß, wenn man mit der Familie oder mit Gästen direkt bei Tisch »kocht«. Alle Zutaten werden rund um den Wok aufgestellt, dazu beliebige Würzsaucen, in die man die fertigen Stücke tunkt.

Das Garen bei Tisch, gleichgültig ob man fritiert, pfannenrührt oder dämpft, ist natürlich nur dann möglich, wenn man einen elektrisch heizbaren Wok oder ein leistungsstarkes Rechaud besitzt.

Selbstverständlich kann man den Wok auch im herkömmlichen Sinn zum Schmoren, Garen und Kochen einsetzen, wobei die gleichmäßige Hitzeverteilung von großem Vorteil ist. Weniger bekannt ist sicherlich, daß der Wok sich auch hervorragend zum Räuchern eignet, was zu ganz köstlichen Geschmackserlebnissen führt. Zuvor sollte man den Wok allerdings mit extrastarker Alufolie auskleiden, denn das Reinigen wäre sehr mühsam. So

Vor dem Räuchern sollten Sie Ihren Wok unbedingt mit extrastarker Alufolie auskleiden.

kann man die verschmutzte Alufolie später einfach herausnehmen und wegwerfen.
Wer ganz sicher gehen will, schützt auch den Deckel auf diese Weise. Nun streut man auf den Boden eine Handvoll Räuchermehl, das es in Fachgeschäften für Angler- und Campingbedarf oder auch beim Fleischer gibt. Um dem Räuchermehl mehr Würze zu geben, kann man beispielsweise Wacholderbeeren, Pimentkörner, Kreuzkümmel, Koriander, Sternanis, schwarzen Tee oder getrocknete Orangenschale zufügen. Den Deckel locker auflegen, so daß ein kleiner Spalt offenbleibt. Den Wok auf höchster Energiestufe aufheizen, bis Rauchgeruch bemerkbar wird. Das Räuchergut, zum Beispiel Entenbrüstchen, Hähnchenkeulen, ganze oder filetierte Flußfische, wird auf den Dämpfrost gelegt und in den Wok gesetzt. Nun den Deckel fest schließen und die Hitze auf mittlere Stufe zurückschalten. Die Räucherzeit richtet sich nach Art und Gewicht des Garguts und danach, ob es durch das Räuchern verzehrfertig sein oder noch gekocht, gebraten oder gedämpft werden soll.

Materialien und Zubehör

Der »klassische« Wok, der übrigens korrekt *kuo* heißt, besteht aus einfachem Eisen. Er hat den Vorteil, schneller und gleichmäßiger aufzuheizen als alle anderen, aber den Nachteil, daß er leicht rosten kann. Um das zu verhindern, sollte er nach jeder Reinigung dünn mit Öl eingerieben werden. Er darf grundsätzlich nicht mit Scheuermitteln oder Stahlwolle gesäubert werden. Am besten löst man die Speisereste unter lauwarmem Wasser mit einer Wok-Bürste aus gespaltenem Bambus, einer Wurzelbürste oder einem Topfreiniger. Dann wäscht man ihn mit Spülmittel aus und trocknet ihn gut ab. Anschließend wird er leicht erwärmt, damit er auch wirklich trocken ist, und die Innenfläche mit einem Stück ölgetränktem Küchenpapier ausgewischt (vorsicht, nicht die Finger verbrennen!). Unmittelbar vor dem nächsten Gebrauch wird er nochmals mit ölgetränktem Papier ausgewischt.
Selbstverständlich muß er vor der ersten Verwendung mit Spülmittel ausgewaschen und anschließend geölt werden. Das gilt auch für einen Wok aus Gußeisen, den man sogar mehrmals hintereinander auswaschen, abtrocknen und ölen sollte, damit sich die Poren gut schließen. Gußeiserne Woks werden nach dem ersten Gebrauch nur noch mit klarem Wasser ausgewaschen.
Bei den Woks aus teureren Materialien ist das Reinigen nicht so kompliziert. Da genügen Wasser, Spülmittel und ein Reinigungsschwamm. Woks gibt es aus Edelstahl, Stahlemail, eloxiertem Aluguß, Kupfer und feuerfestem Porzellan. Einige Hersteller bieten sie sogar mit Antihaft-Beschichtung an. Das Material bestimmt ganz wesentlich den Preis. Am billigsten ist die schlichte Eisenausführung, am teuersten der Kupfer-Wok.
Man kann Woks mit fest installierter Elektroheizung kaufen und solche, die mit einem Spirituskocher zusammen geliefert werden, was besonders dann sehr praktisch ist, wenn man – wie schon erwähnt – in geselliger Runde am Eßtisch kochen möchte.
Der »Urwok« hat einen runden Boden. Um damit auf Gas kochen zu können, ist ein Wok-Ring ideal, der dem Wok einen festen Stand gibt. Die meisten der hochwertigen Woks sind heute allerdings mit einem flachen Boden ausgerüstet, damit sie auch auf Elektroplatten optimal benutzt werden können.
Zur Grundausstattung gehört immer der Abtropfrost, wohingegen der Dämpfeinsatz, die abgeflachte Bratschaufel, die Bambusbürste, die Schöpfkelle und sogar der Deckel kein selbstverständliches Zubehör sind, das man aber anschaffen sollte, ebenso wie die extralangen Kochstäbchen.

Woks gibt es, wie Sie auf dem Foto sehen können, aus verschiedenen Materialien – richten Sie sich bei der Anschaffung nach Ihrem Geldbeutel, verzichten Sie aber nicht auf das Zubehör.

Hähnchen-keulen mit Chinakohl

Zutaten für 4 Personen:
4 Hähnchenschenkel (je etwa 200 g)
Chinagewürz
Salz
1/8 l Erdnußöl
1/4 l Hühnerbrühe
3 Eßl. Sojasauce
2 Teel. Zucker
3 Eßl. trockener Sherry (Fino)
4 Frühlingszwiebeln
4 junge Möhren
800 g Chinakohl
1 Teel. Speisestärke
1/2 Teel. geschroteter Koriander

Für Ungeübte
Braucht etwas Zeit

Pro Portion etwa:
1630 kJ/390 kcal
46 g Eiweiß · 13 g Fett
19 g Kohlenhydrate

- Zubereitungszeit: etwa 30 Minuten

1. Die Hähnchenschenkel abspülen, trockentupfen und dann mit Chinagewürz und Salz einreiben.

2. Das Erdnußöl im Wok rauchheiß werden lassen und die Schenkel darin unter mehrmaligem Wenden etwa 10 Minuten anbraten.

3. Die Hühnerbrühe mit der Sojasauce, dem Zucker und dem Sherry mischen. Das Fett aus dem Wok abgießen und die Brühe in den Wok gießen. Die Hähnchenschenkel etwa 10 Minuten darin schmoren, bis die Flüssigkeit um etwa zwei Drittel eingekocht ist.

4. Inzwischen die Frühlingszwiebeln putzen, die Möhren schaben. Beides in feine Scheiben schneiden. Den Chinakohl ebenfalls putzen und in feine Streifen schneiden.

5. Die Hähnchenschenkel auf den Abtropfrost legen. Das Gemüse in die Schmorflüssigkeit geben und nur kurz darin zusammenfallen lassen.

6. In einer Tasse die Speisestärke mit etwas Wasser glattrühren und das Gemüse damit binden. Mit Salz und dem Koriander würzen und abschmecken. Die Hähnchenschenkel auf das Gemüse legen und nochmal kurz erwärmen. Auf dem Gemüse anrichten.

Hühnerbrust mit Walnüssen

Zutaten für 4 Personen:
500 g Hühnerbrustfilets
2 Teel. Speisestärke
1 Eiweiß
3–4 Eßl. Sojasauce
1/2 Teel. Zucker
Cayennepfeffer
4 Frühlingszwiebeln
200 g Champignons
150 g Zuckerschoten
1/2 Bund glatte Petersilie
4 Eßl. Erdnußöl
100 g Walnußkerne
4 Eßl. trockener Weißwein
4 Eßl. Hühnerbrühe

Gelingt leicht • Schnell

Pro Portion etwa:
1900 kJ/455 kcal
37 g Eiweiß · 32 g Fett
14 g Kohlenhydrate

- Zubereitungszeit: etwa 35 Minuten

1. Die Hühnerbrustfilets in Streifen schneiden. Die Speisestärke mit dem Eiweiß, 2 Eßlöffeln von der Sojasauce, dem Zucker und reichlich Cayennepfeffer verrühren und die Fleischstücke darin etwa 15 Minuten marinieren.

2. Die Frühlingszwiebeln und die Champignons putzen und in dünne Scheiben schneiden. Die Zuckerschoten waschen, abtropfen lassen. Die Petersilie fein hacken.

3. Das Erdnußöl im Wok erhitzen und die Walnußkerne darin kurz anbraten, dann herausnehmen.

4. Das Hühnerfleisch mit der Marinade unter Rühren im Öl kurz anbraten. Das Gemüse zufügen und unter Rühren etwa 30 Sekunden braten. Den Wein und die Brühe zufügen und etwa 2 Minuten dünsten.

5. Die Walnußkerne wieder zufügen und das Gericht mit der restlichen Sojasauce und Cayennepfeffer abschmecken. Mit der gehackten Petersilie bestreut servieren.

Im Bild hinten: Hähnchenkeulen mit Chinakohl
Im Bild vorne: Hühnerbrust mit Walnüssen

Hühnerbrust in süß-saurer Sauce

Zutaten für 4 Personen:
500 g Hühnerbrustfilets
1 Eiweiß
1 kräftige Prise Salz
1 Eßl. Sake (Reiswein) oder trockener Sherry (Fino)
2 Eßl. Speisestärke
1 Stück frische Ingwerwurzel (etwa 2 cm)
2 Schalotten
2 Knoblauchzehen
1 kleine grüne Pfefferschote
200g Bambussprossen (aus der Dose)
3/8 l Erdnußöl
2–3 Eßl. Sojasauce
3–4 Teel. Reis- oder Apfelessig
1–2 Teel. Zucker

Braucht etwas Zeit

Pro Portion etwa:
1340 kJ/320 kcal
32 g Eiweiß · 8 g Fett
30 g Kohlenhydrate

- Zubereitungszeit: etwa 35 Minuten

1. Die Hühnerbrustfilets wenn nötig häuten, dann in mundgerechte Würfel schneiden.

2. Das Eiweiß mit dem Salz zu halbsteifem Schnee schlagen, mit dem Reiswein oder dem Sherry und der Speisestärke verrühren. Die Fleischwürfel untermischen und etwa 20 Minuten durchziehen lassen.

3. In der Zwischenzeit den Ingwer schälen und sehr fein würfeln. Die Schalotten ebenfalls würfeln, den Knoblauch ganz fein hacken.

4. Die Pfefferschote längs aufschlitzen, von Kernen und Trennwänden befreien, abspülen, trockentupfen und fein hacken. Die Bambussprossen in einem Sieb abtropfen lassen und in streichholzgroße Streifen schneiden.

5. Das Öl bis auf 2 Eßlöffel im Wok erhitzen und die Fleischwürfel darin unter Rühren anbraten, bis sie rundherum Farbe genommen haben. Dann herausnehmen und das Fett abgießen.

6. Das restliche Öl im Wok erhitzen und das vorbereitete Gemüse darin etwa 1 Minute braten, dabei ständig rühren. Die Fleischwürfel zufügen, kurz erwärmen und das Gericht mit der Sojasauce, dem Reis- oder Apfelessig und dem Zucker abschmecken.

Mangohähnchen

Zutaten für 4 Personen:
1 Brathähnchen (etwa 1 kg)
Salz
40 g Butterschmalz
1 frische Mango
4 Frühlingszwiebeln
1 unbehandelte Zitrone
200 ml Hühnerfond (aus dem Glas) oder Hühnerbrühe
weißer Pfeffer, frisch gemahlen
geriebene Muskatnuß
Paprikapulver, edelsüß
75 g Crème fraîche

Gelingt leicht • Schnell

Pro Portion etwa:
2400 kJ/570 kcal
27 g Eiweiß · 35 g Fett
6 g Kohlenhydrate

- Zubereitungszeit: etwa 25 Minuten

1. Von dem Hähnchen die Keulen und Flügel abschneiden. Den Körper längs halbieren und jede Hälfte in 2 Stücke teilen. Die Hähnchenteile abspülen, trockentupfen und mit Salz einreiben.

2. Gut die Hälfte des Butterschmalz im Wok erhitzen und die Hähnchenteile darin in etwa 10 Minuten anbraten.

3. Die Mango schälen und würfeln. Die Frühlingszwiebeln putzen und schräg in dünne Ringe schneiden. Die Zitrone heiß abspülen, abtrocknen und die Schale abreiben. Den Saft auspressen.

4. Die Hähnchenteile auf den Rost des Wok legen. Das restliche Butterschmalz im Wok erhitzen. Die Mangowürfel, die Zwiebelringe und die Zitronenschale darin unter Rühren etwa 2 Minuten braten.

5. Die Hähnchenteile mit dem Hühnerfond und etwas Zitronensaft zufügen und bei starker Hitze 5–10 Minuten kochen, würzen und die Crème fraîche unterrühren.

Bild oben: Hühnerbrust in süß-saurer Sauce
Bild unten: Mangohähnchen

Hühnerbrust mit Shiitakepilzen

Zutaten für 4 Personen:
600 g Hühnerbrustfilets
400 g Shiitakepilze
1 Stück frischer Ingwer (etwa 3 cm)
3 Schalotten
1 Knoblauchzehe
100 ml Hühnerfond (aus dem Glas) oder Hühnerbrühe
3 Eßl. Sake (Reiswein) oder trockener Sherry (Fino)
3 Eßl. helle Sojasauce
1/2 Bund Schnittlauch
2 Teel. Speisestärke
1–2 Teel. flüssiger Honig
Salz

Etwas teurer • Raffiniert

Pro Portion etwa:
1200 kJ/290 kcal
45 g Eiweiß · 4 g Fett
14 g Kohlenhydrate

- Zubereitungszeit: etwa 45 Minuten

1. Die Hühnerbrustfilets, wenn nötig, häuten und in mundgerechte Stücke schneiden. Die Hüte der Pilze mit Küchenpapier abreiben, die Stiele an den Enden etwas abschneiden. Die Pilze in dünne Scheiben schneiden.

2. Den Ingwer schälen und in feine Scheiben schneiden. Die Schalotten und den Knoblauch ebenfalls schälen. Die Schalotten vierteln, den Knoblauch halbieren.

3. Den Einsatzrost in den Wok legen und bis zu dessen Höhe kochendes Wasser einfüllen. Eine weite, feuerfeste Schüssel auf den Rost stellen.

4. Das Hühnerfleisch mit den Pilzen und dem Hühnerfond oder der Brühe in die Schüssel geben und mit je 2 Eßlöffeln Reiswein oder Sherry und der Sojasauce beträufeln. Mit den Ingwerscheiben, den Schalotten und dem Knoblauch belegen und den Wok mit dem Deckel verschließen.

5. Das Gericht 15–20 Minuten dämpfen, bis ein zarter Duft aufsteigt. Inzwischen den Schnittlauch abspülen, trockentupfen und in etwa 1 cm lange Stücke schneiden.

6. Die Ingwer-, die Schalotten- und die Knoblauchstücke entfernen. Das Fleisch und die Pilze aus der Schüssel nehmen und den Sud durch ein Haarsieb gießen. Aus dem Wok das Wasser abgießen.

7. Den Sud wieder in den Wok gießen und aufkochen lassen. Den restlichen Reiswein mit der noch übrigen Sojasauce vermischen und die Speisestärke darin auflösen. In den Sud einrühren und alles noch einmal aufkochen lassen.

8. Erst wenn die Sauce gebunden ist, 1 Teelöffel Honig darin auflösen. Die Sauce, nur wenn nötig, mit etwas Salz und nach Belieben mit dem übrigen Honig nachwürzen.

9. Fleisch und Pilze wieder in den Wok geben. Unter Rühren erwärmen und dabei ganz mit der Sauce überziehen. Sofort mit Schnittlauch bestreut servieren. Dazu paßt am besten Reis.

Tip!

Sie können statt der frischen auch getrocknete Shiitakepilze verwenden. Sie sind viel geschmacksintensiver, so daß pro Person 4–5 Pilze ausreichen. Sie müssen, mit lauwarmem Wasser bedeckt, mindestens 2 Stunden, besser noch länger, einweichen und können dann geviertelt werden. Im Gegensatz zu frischen werden bei den getrockneten Pilzen nur die Hüte verwendet. Die zähen Stiele müssen nach dem Einweichen herausgedreht werden. Das Einweichwasser ist voller Aromastoffe und wird statt des Hühnerfonds als Garflüssigkeit verwendet.

Die Hühnerbrust mit Shiitakepilzen erhält durch das Dämpfen im Wok ein köstliches Aroma.

Entenbrust mit Honigsauce

Zutaten für 4 Personen:
4 Entenbrustfilets (je etwa 150 g)
3 Eßl. flüssiger Honig
3 Eßl. heißes Wasser
2 Eßl. Tomatenketchup
1 Teel. Worcestersauce
2 Eßl. dunkle Sojasauce
3 Eßl. Sake (Reiswein) oder trockener Sherry (Fino)
100 g Kokosfett
1/8 l milde Hühnerbrühe
1 Teel. Speisestärke
Salz

Raffiniert
Für Ungeübte

Pro Portion etwa:
2200 kJ/520 kcal
43 g Eiweiß · 29 g Fett
20 g Kohlenhydrate

- Marinierzeit: 4–6 Stunden
- Zubereitungszeit: etwa 25 Minuten

1. Die Entenbrustfilets abspülen, trockentupfen und dann in mundgerechte Würfel schneiden.

2. Für die Marinade den Honig in dem heißen Wasser auflösen, mit dem Tomatenketchup, der Worcestersauce, der Sojasauce und dem Reiswein oder dem Sherry verrühren.

3. Die Entenbrustwürfel in die Marinade geben und mit Folie bedeckt 4–6 Stunden im Kühlschrank durchziehen lassen.

4. Das Kokosfett im Wok erhitzen. Die Fleischwürfel gut abtropfen lassen und mit Küchenpapier leicht abtupfen. Portionsweise im heißen Fett rundherum braun braten, dabei immer wieder mit zwei Stäbchen voneinander lösen. Fertige Portionen auf dem Rost abtropfen lassen und dann in eine Schüssel füllen.

5. Das Fett aus dem Wok abgießen. Den Bratensatz mit der Hühnerbrühe ablöschen und aufkochen. Die Marinade einrühren. Die Speisestärke mit etwas Wasser glattrühren und die Flüssigkeit als Sauce damit binden. Eventuell mit Salz nachwürzen. Das Fleisch darin erhitzen. Dazu Reis servieren.

Tip!

Das Fleisch auf chinesischem Sauergemüse (gibt es in Asienläden fertig zu kaufen) anrichten.

Entenbrust mit Möhren und Mandeln

Zutaten für 4 Personen:
4 Entenbrustfilets (je etwa 150 g)
schwarzer Pfeffer, frisch gemahlen
1 Teel. geschroteter Koriander
Salz
600 g Möhren
Kokosfett zum Braten
75 g geschälte Mandeln
2 Eßl. Butter
1/8 l Hühnerbrühe
1 Teel. flüssiger Honig

Für Gäste • Raffiniert

Pro Portion etwa:
2700 kJ/640 kcal
40 g Eiweiß · 47 g Fett
13 Kohlenhydrate

- Marinierzeit: etwa 2 Stunden
- Zubereitungszeit: etwa 25 Minuten

1. Die Entenbrustfilets an der Hautseite einritzen. Mit reichlich Pfeffer, dem Koriander und nur die Oberseite mit etwas Salz einreiben. Dann das Fleisch in Alufolie wickeln und etwa 2 Stunden im Kühlschrank marinieren.

2. Die Möhren schälen oder schaben und in etwa 5 cm lange, streichholzgroße Stifte schneiden.

3. Etwas Kokosfett im Wok erhitzen und die Entenbrustfilets darin von jeder Seite etwa 5 Minuten anbraten. Dann warm stellen.

4. Das Kokosfett aus dem Wok entfernen. Die Mandeln im Wok unter Rühren kurz anrösten, die Butter zufügen. Die Möhren dazugeben und etwa 2 Minuten andünsten, mit der Hühnerbrühe begießen und den Honig unterrühren. Bei starker Hitze etwa 5 Minuten garen, salzen. Die Entenbrust in Scheiben schneiden und auf den Möhren anrichten.

Im Bild hinten:
Entenbrust mit Honigsauce
Im Bild vorne:
Entenbrust mit Möhren und Mandeln

Poularde mit Ingwer

Zutaten für 4 Personen:
1 Poularde (etwa 1,2 kg)
1 Stück frische Ingwerwurzel (etwa 5 cm)
2 Knoblauchzehen
1 kleine grüne Pfefferschote
4 Eßl. Sesam- oder Erdnußöl
2 Stück Sternanis
10 schwarze Pfefferkörner
5 Pimentkörner
1/2 l Wasser
6 Eßl. dunkle Sojasauce
3 Frühlingszwiebeln
1 kleine rote Paprikaschote
1 kleine grüne Paprikaschote
2 Eßl. Sake (Reiswein) oder trockener Sherry (Fino)
2 Teel. Zucker

Gelingt leicht • Raffiniert

Pro Portion etwa:
2700 kJ/640 kcal
65 g Eiweiß · 37 g Fett
12 g Kohlenhydrate

- Zubereitungszeit: etwa 1 Stunde

1. Die Poularde von innen und außen abspülen und mit Küchenpapier trockentupfen.

2. Von dem Ingwer 2 cm abschneiden, schälen und grob zerteilen. Die Knoblauchzehen schälen und halbieren. Die Pfefferschote längs aufschlitzen, von Kernen und Trennwänden befreien, abspülen und trockentupfen.

3. 2 Eßlöffel von dem Öl im Wok erhitzen, den Sternanis, die Pfeffer- und die Pimentkörner sowie den Knoblauch darin unter Rühren 1–2 Minuten anrösten. Die Poularde, den Ingwer und die Pfefferschote zufügen. Das Wasser und 3 Eßlöffel von der Sojasauce zufügen.

4. Die Poularde im geschlossenen Wok 30–40 Minuten garen, bis das Fleisch weich ist. Die Poularde zwischendurch wenden.

5. Inzwischen die Frühlingszwiebeln putzen, die weißen Knollen sehr fein würfeln, das Grün schräg in feine Ringe schneiden. Den restlichen Ingwer schälen und in etwa streichholzgroße Stifte schneiden.

6. Die Paprikaschoten vierteln. Die Stengelansätze, Samen und Trennwände entfernen. Die Schoten abspülen, gründlich abtropfen lassen und quer in feine Streifen schneiden.

7. Die Poularde aus dem Sud nehmen und den Sud weggießen. Die Poularde häuten, das Fleisch von den Knochen lösen und in mundgerechte Stücke teilen.

8. Das restliche Öl im Wok erhitzen, die Frühlingszwiebeln, die Paprika- und die Ingwerstreifen darin unter Rühren etwa 2 Minuten anbraten, bis die Zwiebeln glasig sind. Erst dann die restliche Sojasauce, den Reiswein oder den Sherry und den Zucker unterrühren.

9. Die Poulardenstücke in den Wok geben und unter mehrmaligem Wenden in etwa 3 Minuten ganz mit der Sauce überziehen. Dazu körnig gekochten Reis servieren.

Tip!

Ein ganz besonderes Aroma bekommt die Poularde, wenn man sie vor dem Garen im Wok leicht räuchert (siehe Seite 5). Geben Sie außer dem Räuchermehl noch 1 Teelöffel einer kräftigen Sorte schwarzen Tee hinein. Das verbessert den Geschmack ungemein. Die im Wok geräucherte Poularde wird etwa 5 Minuten eher gar.

Variante:
Auf die gleiche Weise können Sie auch eine Ente bereiten. Sie muß, ihrer Größe wegen, jedoch in 4 Teile zerlegt werden. Geben Sie zuerst die Keulen in den Sud und fügen Sie die Brustteile erst 5 Minuten später hinzu. Die Garzeit für die Brust beträgt 30–35 Minuten. Sie können auch die Brusthaut vor dem Garen abziehen. Sie wird dann in feine Streifen geschnitten, im eigenen Fett knusprig gebraten und mit etwas Salz bestreut als Garnierung über das Gericht gestreut.

Frische Ingwerwurzel verfeinert dieses raffinierte Geflügelgericht.

Puten-geschnetzeltes mit Spinat

Zutaten für 4 Personen:
4 Eßl. geschälte Sesamsamen
500 g Blattspinat
500 g Putenschnitzel
1 Teel. Speisestärke
4 Eßl. Sesam- oder Olivenöl
Salz
2 Knoblauchzehen
1/8 l Hühnerbrühe
schwarzer Pfeffer, frisch gemahlen
Currypulver

Gelingt leicht • Raffiniert

Pro Portion etwa:
2200 kJ/520 kcal
40 g Eiweiß · 37 g Fett
9 g Kohlenhydrate

- Zubereitungszeit: etwa 30 Minuten

1. Den Wok erhitzen und die Sesamsamen darin unter Rühren goldbraun rösten, dann herausnehmen und beiseite stellen.

2. Den Spinat verlesen, gründlich waschen und abtropfen lassen. Die harten Stiele abschneiden.

3. Die Putenschnitzel mit Küchenpapier abtupfen und quer zur Faser in etwa 2 cm dicke Stücke schneiden. Mit der Speisestärke überstäuben. Dann die Stärke mit den Fingerspitzen leicht ins Fleisch einmassieren.

4. Das Öl im Wok erhitzen und die Fleischstücke darin portionsweise rundherum anbraten, bis sie ganz zart gebräunt sind. Auf den Abtropfrost legen und leicht salzen.

5. Die Knoblauchzehen schälen und durch die Presse ins Bratfett drücken. Den Spinat zufügen, unter Rühren zusammenfallen lassen und mit der Hühnerbrühe auffüllen.

6. Das Fleisch unterrühren und das Gericht mit Salz, Pfeffer und Currypulver würzen. Mit den Sesamsamen vermischen. Dazu Reis oder frisches Stangenweißbrot servieren.

Putenröllchen mit Schinken-Oliven-Füllung

Zutaten für 4 Personen:
4 Scheiben Putenbrust (je etwa 180 g, quer zur Faser geschnitten)
100 g luftgetrockneter Schinken
2 Knoblauchzehen
12 ungefüllte, entsteinte grüne Oliven
2 Teel. Speisestärke
5 Eßl. Soja- oder Erdnußöl
8 Eßl. halbtrockener Weißwein
1 Prise Zucker
2 Eßl. Sojasauce
Salz
Zahnstocher

Raffiniert • Gelingt leicht

Pro Portion etwa:
1700 kJ/400 kcal
50 g Eiweiß · 18 g Fett
8 g Kohlenhydrate

- Zubereitungszeit: etwa 35 Minuten

1. Die Fleischscheiben zwischen zwei Blätter Klarsichtfolie legen und mit einem schweren Messer so dünn wie möglich ausstreichen, dann längs halbieren.

2. Den Schinken sehr fein würfeln. Den Knoblauch schälen und kleinhacken, die Oliven ebenfalls fein hacken. Alles miteinander vermischen.

3. Die Fleischstreifen auf der Arbeitsfläche ausbreiten, dünn mit etwas Speisestärke bestäuben und die Füllung darauf verteilen. Das Fleisch zusammenrollen, mit Zahnstochern feststecken und mit Speisestärke bestäuben.

4. Das Öl im Wok erhitzen. Die Röllchen darin unter häufigem Wenden braten, bis sie rundherum zart gebräunt sind.

5. Den Weißwein mit dem Zucker, der Sojasauce und etwas Salz verrühren, über die Röllchen gießen und diese etwa 5 Minuten schmoren. Dabei immer wieder wenden, damit sie ganz mit Sauce überzogen sind.

6. Die Putenröllchen auf einer Platte anrichten. Die Röllchen können warm mit Reis oder kalt als Teil eines Büfetts serviert werden.

Bild oben:
Putengeschnetzeltes mit Spinat
Bild unten:
Putenröllchen mit Schinken-Oliven-Füllung

Schweinefilet mit Orangen

Zutaten für 4 Personen:
200 g kleine Schalotten
600 g Schweinefilet
40 g Butterschmalz
1 Eßl. Mehl
1/8 l trockener Weißwein
1/8 l frisch gepreßter Orangensaft
Salz
2 Orangen
4 cl Orangenlikör (nach Belieben)
100 g Crème fraîche
2 Teel. rosa Pfefferkörner

Schnell • Gelingt leicht

Pro Portion etwa:
2400 kJ/570 kcal
30 g Eiweiß · 38 g Fett
19 g Kohlenhydrate

- Zubereitungszeit: etwa 30 Minuten

1. Die Schalotten schälen. Das Schweinefleisch von Häuten und Sehnen befreien.

2. Das Butterschmalz im Wok erhitzen und die Schalotten darin rundherum bräunen. Inzwischen das Fleisch schräg zur Faser in dünne Scheiben schneiden. Mit dem Mehl bestäuben.

3. Die Schalotten auf den Abtropfrost legen. Das Fleisch im Bratfett portionsweise anbraten. Fertige Portionen auch auf den Rost legen. Das Fleisch und die Schalotten wieder mischen, mit dem Wein und dem Orangensaft ablöschen, salzen und im geschlossenen Wok etwa 5 Minuten schmoren.

4. Inzwischen die Orangen schälen und die Fruchtstücke aus den Trennhäuten lösen. Unter das Fleisch mischen und kurz erwärmen. Das Gericht mit dem Orangenlikör nach Belieben und der Crème fraîche verfeinern. Mit Salz abschmecken und die Pfefferkörner unterrühren. Dazu dünne Bandnudeln reichen.

Variante:
Statt der Orangen können Sie auch rosa Grapefruits verwenden. Sie geben dem Gericht eine herbsüße Note.

Schweinebauch mit Paprika

Zutaten für 4 Personen:
1 Stück frische Ingwerwurzel (etwa 2 cm)
1 Knoblauchzehe
600 g gut durchwachsener Schweinebauch
4 Eßl. Sojasauce
500 g vorwiegend festkochende kleine Kartoffeln
2 rote Paprikaschoten
4 Frühlingszwiebeln
2 Eßl. Schweineschmalz
1/8 l Hühnerbrühe
3 Eßl. trockener Sherry (Fino)
1 Teel. Zucker
Salz

Braucht etwas Zeit

Pro Portion etwa:
3400 kJ/810 kcal
33 g Eiweiß · 63 g Fett
26 g Kohlenhydrate

- Zubereitungszeit: etwa 1 1/4 Stunden

1. Den Ingwer schälen und in 4 Scheiben schneiden. Die Knoblauchzehe mit den Ingwerscheiben in den Wok geben. Den Dampfrost einsetzen und knapp 3 cm hoch kochendes Wasser einfüllen.

2. Das Fleisch auf den Rost legen, mit 2 Eßlöffeln Sojasauce übergießen, im geschlossenen Wok etwa 30 Minuten dämpfen. Etwa 20 Minuten abkühlen lassen. Das Wasser abgießen.

3. Die Kartoffeln waschen, schälen und längs vierteln. Die Paprikaschoten putzen, in etwa 2 cm große Würfel schneiden. Die Frühlingszwiebeln in etwa 2 cm lange Stücke schneiden.

4. Den Schweinebauch in etwa 3 cm große Würfel schneiden. Das Schmalz im Wok erhitzen und das Fleisch darin unter häufigem Wenden etwa 5 Minuten braten, bis es leicht gebräunt ist. Dann auf den Abtropfrost legen.

5. Das Gemüse in den Wok geben und ebenfalls etwa 5 Minuten braten, dabei immer wieder wenden. Die Hühnerbrühe, den Sherry, die restliche Sojasauce und den Zucker zufügen und das Fleisch hineingeben und alles noch etwa 15 Minuten schmoren.

Im Bild hinten:
Schweinefilet mit Orangen
Im Bild vorne:
Schweinebauch mit Paprika

Spareribs

Zutaten für 4 Personen:
1 kg Spareribs (Schälrippchen), vom dünnen Ende geschnitten
1 Eßl. getrocknetes Suppengrün
100 g Speisestärke
etwa 1/4 l Erdnuß- oder Sojaöl
2 Eßl. Tomatensaft
2 Eßl. Tomatenketchup
2 Eßl. flüssiger Honig
2 Eßl. Reis- oder Apfelessig
3 Eßl. Sojasauce

Preiswert • Raffiniert

Pro Portion etwa:
4800 kJ/1100 kcal
38 g Eiweiß · 95 g Fett
34 g Kohlenhydrate

- Zubereitungszeit: etwa 35 Minuten

1. Etwa 1 l Wasser zum Kochen bringen. Inzwischen die Spareribs mit einem Tuch abreiben, dann in die einzelnen Teile zerschneiden. Mit dem Suppengrün in den Wok geben und soviel kochendes Wasser angießen, daß die Rippchen eben bedeckt sind. Etwa 10 Minuten offen kochen lassen.

2. Die Rippchen aus dem Sud heben, abtropfen lassen und gründlich trockentupfen. In der Speisestärke wenden und diese gut andrücken.

3. Den Wok gut abtrocknen, dann das Öl darin erhitzen und die Rippchen unter gelegentlichem Wenden 5–6 Minuten darin fritieren, bis sie schön knusprig sind. Mit einem Schaumlöffel herausheben, abtropfen lassen und zum Entfetten auf eine dicke Lage Küchenpapier legen.

4. Das Öl bis auf einen kleinen Rest abgießen. Alle übrigen Zutaten in den Wok geben und unter Rühren etwa 3 Minuten einkochen lassen. Die Rippchen hineingeben und etwa 10 Minuten schmoren, bis sie weich sind. Die Rippchen immer wieder wenden, damit sie ganz von der Sauce überzogen werden.

Schweinefleisch mit Erdnüssen

Zutaten für 4 Personen:
1 rote Paprikaschote
1 grüne Paprikaschote
2 mittelgroße Zwiebeln
2 Knoblauchzehen
75 g ungesalzene Erdnüsse
50 g Glasnudeln
6 Eßl. Erdnuß- oder Sesamöl
500 g Schweinehackfleisch
1 Eßl. Speisestärke
1/8 l Hühnerbrühe
2 Eßl. Austernsauce (Fertigprodukt)
2 Eßl. Sojasauce
2 Eßl. Sake (Reiswein) oder trockener Sherry (Fino)
1 kräftige Prise Zucker

Schnell • Preiswert

Pro Portion etwa:
2600 kJ/620 kcal
40 g Eiweiß · 45 g Fett
15 g Kohlenhydrate

- Zubereitungszeit: etwa 35 Minuten

1. Die Paprikaschoten putzen, waschen und sehr klein würfeln. Die Zwiebeln schälen und fein würfeln, den Knoblauch schälen und fein hacken.

2. Den Wok erhitzen und die Erdnüsse darin unter Rühren etwa 3 Minuten rösten. Dann herausnehmen und beiseite stellen.

3. Die Glasnudeln mit einer Küchenschere in etwa 5 cm lange Stücke schneiden. Das Öl im Wok erhitzen und die Nudeln darin etwa 30 Sekunden fritieren, dann zum Abfetten auf eine Lage Küchenpapier legen.

4. Die gewürfelten Paprikaschoten mit der Zwiebel und dem Knoblauch im Öl ganz kurz andünsten, bis die Zwiebeln eben glasig sind. Das Hackfleisch zufügen und unter Rühren braten, bis es ganz und gar krümelig geworden ist. Die Speisestärke darüber stäuben und unterrühren.

5. Die Hühnerbrühe, die Austern- und die Sojasauce, den Reiswein oder den Sherry und den Zucker unter das Fleisch rühren und alles etwa 5 Minuten köcheln lassen. Dabei immer wieder umrühren. Das Fleisch in eine Schüssel füllen, mit den gerösteten Erdnüssen und den fritierten Glasnudeln bestreut servieren. Dazu schmeckt Reis.

Im Bild hinten: Spareribs
Im Bild vorne: Schweinefleisch mit Erdnüssen

WHA
MARK
SAKE

Fleischklößchen auf Tomaten

Zutaten für 4 Personen:
1 kg kleine, reife Tomaten
40 g Butter
2 Knoblauchzehen
Salz
weißer Pfeffer, frisch gemahlen
1 Bund Petersilie
3 Frühlingszwiebeln
300 g Schweinehackfleisch
300 g Rinderhackfleisch
1 großes Ei
1 Prise gemahlener Ingwer
1 Prise gemahlener Koriander
6 Eßl. Semmelbrösel
1/8 l Erdnuß- oder Sojaöl

Raffiniert

Pro Portion etwa:
2800 kJ/670 kcal
41 g Eiweiß · 44 g Fett
29 g Kohlenhydrate

- Zubereitungszeit: etwa 35 Minuten

Tip!

Zum Servieren körnig gekochten Reis in eine Reisringform pressen, auf eine tiefe Platte stürzen und die Tomaten in die Mitte füllen. Die Klößchen auf den Tomaten anrichten. Eventuell mit Kresseblättchen garnieren.

1. Die Tomaten mit kochendem Wasser überbrühen, häuten, vierteln, entkernen und von den Stengelansätzen befreien. Die Butter im Wok nur eben aufschäumen lassen. Die Tomaten hineingeben. Die Knoblauchzehen schälen und durch die Presse darüber drücken.

2. Die Tomaten salzen und pfeffern und ganz langsam garen (schmelzen lassen). Inzwischen die Petersilie abspülen, trockenschütteln und fein hacken. Die Frühlingszwiebeln putzen und in feine Ringe schneiden.

3. Das Schweine- und Rinderhackfleisch mit der gehackten Petersilie, den Frühlingszwiebeln und dem Ei in einer Schüssel mischen. Mit Salz, Pfeffer, dem Ingwer und dem Koriander pikant würzen und mit angefeuchteten Händen zu tischtennisballgroßen Klößchen formen. Dann in den Semmelbröseln wenden.

4. Die Tomaten aus dem Wok nehmen, den Wok reinigen. Das Öl hineingeben und rauchheiß werden lassen. Die Klößchen unter mehrmaligem Wenden darin rundherum knusprig braun braten. Auf den Abtropfrost legen und die Tomaten im Wok nochmal kurz erwärmen.

Rinder-rouladen mit Möhren

Zutaten für 4 Personen:
200 g Prinzeßbohnen
Salz
200 g junge Möhren
4 ganz zarte Frühlingszwiebeln
4 Rinderrouladen aus der Keule (je etwa 200 g)
2 Teel. Sahnemeerrettich (aus dem Glas)
1 Teel. Speisestärke
8 Eßl. Erdnuß- oder Sojaöl
1 Teel. Weizenmehl
200 ml Rinderfond (aus dem Glas)
100 ml halbtrockener Sherry (Amontillado)
5 Eßl. Sojasauce
einige Tropfen Worcestersauce
1 Teel. rosa Pfefferkörner
Zahnstocher

Raffiniert

Pro Portion etwa:
2400 kJ/570 kcal
58 g Eiweiß · 31 g Fett
15 g Kohlenhydrate

- Zubereitungszeit: etwa 1 Stunde

Tip!

Zu diesen Rouladen schmecken dicke japanische Weizennudeln (*udon*) besonders gut. Sie bekommen sie in Asiengeschäften. Als Ersatz bieten sich schmale Bandnudeln an, die Sie in etwas Butter schwenken sollten.

1. Die Bohnen abfädeln und etwa 5 Minuten in kochendem Salzwasser blanchieren. Die Möhren schaben, in dünne Stifte schneiden und etwa 3 Minuten blanchieren. Dann abgießen, das Gemüse kalt abschrecken und abtropfen lassen. Die Frühlingszwiebeln putzen und quer halbieren.

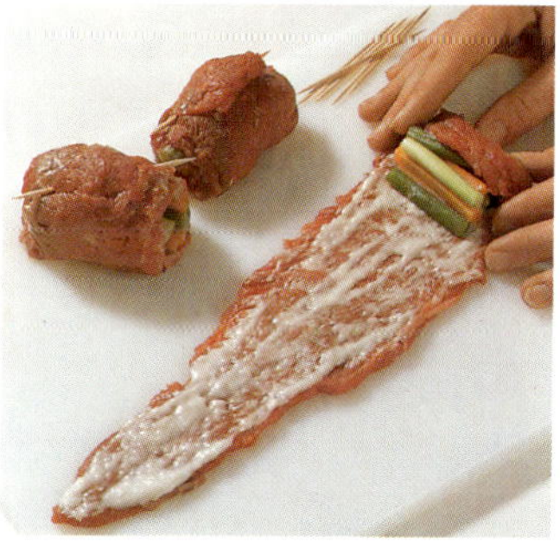

2. Die Rouladen so flach wie möglich ausstreichen, mit Küchenpapier abtupfen und längs halbieren. Mit dem Sahnemeerrettich bestreichen und quer mit dem Gemüse belegen. Die Rouladen zu Röllchen aufwickeln, mit Zahnstochern fixieren und mit der Speisestärke bestäuben.

3. Das Öl im Wok erhitzen und die Röllchen darin portionsweise unter Rühren etwa 10 Minuten anbraten. Auf den Abtropfrost legen. Das Öl bis auf 1 Eßlöffel entfernen und das Mehl darin kurz anschwitzen. Mit dem Rinderfond, dem Sherry und der Sojasauce ablöschen.

4. Die Rouladen wieder in den Wok geben und zugedeckt in 30–35 Minuten schmoren. Dann offen noch 5 Minuten bei starker Hitze unter Wenden schmoren, damit die Flüssigkeit reduziert wird. Mit der Worcestersauce abschmecken. Vor dem Servieren mit den rosa Pfefferkörnern bestreuen.

Roastbeef sauer-scharf

Dieses pikante Fleischgericht stammt aus der zentralchinesischen Provinz Hunan, die eigentlich als »Land der Fische und des Reises« bekannt ist.

Zutaten für 4 Personen:
600 g Roastbeef
1 Eiweiß
2 Eßl. Speisestärke
2 Eßl. Sesamöl
schwarzer Pfeffer, frisch gemahlen
1 Stück frische Ingwerwurzel (etwa 4 cm)
2–3 Knoblauchzehen
2 mittelgroße Möhren
250 g Bambussprossen (aus der Dose)
2 dünne Stangen Lauch
1 rote oder grüne Pfefferschote
200 ml Maiskeimöl
4 Eßl. Sojasauce
4 Eßl. Hühnerbrühe
2 Eßl. Sake (Reiswein) oder trockener Sherry (Fino)
2 Eßl. Reis- oder Apfelessig

Für Ungeübte

Pro Portion etwa:
3100 kJ/740 kcal
42 g Eiweiß · 53 g Fett
22 g Kohlenhydrate

- Kühlzeit: etwa 30 Minuten
- Zubereitungszeit: etwa 45 Minuten

1. Das Fleisch mit einem Tuch abreiben. Die Fettschicht an einer Seite leicht anheben, die Sehnen in kleinen Schnitten einritzen und die Fettschicht auf diese Weise abheben.

2. Das Fleisch in einen Gefrierbeutel geben und für etwa 30 Minuten ins Gefrierfach legen, bis es leicht angefroren ist. Dann läßt es sich besser schneiden. Das Fleisch auf der Wurstmaschine oder mit einem Elektromesser in hauchdünne Scheiben schneiden.

3. Das Eiweiß halbsteif schlagen, mit 1/2 Eßlöffel Speisestärke und einigen Tropfen Sesamöl verrühren. Das Fleisch mit Pfeffer übermahlen und mit der Eiweißmischung vermengen. Zugedeckt etwa 15 Minuten durchziehen lassen.

4. In der Zwischenzeit den Ingwer und die Knoblauchzehen schälen und sehr fein würfeln.

5. Die Möhren schaben, mit einem Buntmesser längs einritzen und in dünne Scheiben schneiden. Die Bambussprossen in einem Sieb abtropfen lassen und in dünne Scheiben, dann in etwa 1 cm breite und 3 cm lange Streifen schneiden. Den Lauch putzen, längs aufschneiden, gründlich ausspülen und schräg in dünne Ringe schneiden. Nur die hellen Teile verwenden.

6. Die Pfefferschote längs aufschneiden, Samenstränge und Kerne sorgfältig entfernen. Die Schotenhälften waschen und gründlich trockentupfen, dann quer in ganz feine Streifen schneiden.

7. Vom Maiskeimöl 3 Eßlöffel abnehmen. Den Rest im Wok rauchheiß werden lassen und das Fleisch darin unter Rühren mit Stäbchen rundherum Farbe nehmen lassen. Die Fleischscheiben auf den Abtropfrost legen.

8. Das Bratfett abgießen und den Wok mit Küchenpapier ausreiben. Das restliche Maiskeimöl im Wok erhitzen. Den Ingwer, den Knoblauch, die Möhren und die Bambussprossen darin unter Rühren etwa 1 Minute anbraten. Die Pfefferschote, die Sojasauce und die Hühnerbrühe zufügen und alles noch einige Sekunden verrühren.

9. Die restliche Speisestärke mit dem Reiswein glattrühren. Das Fleisch und den Lauch in den Wok geben und alles noch etwa 15 Sekunden garen. Dann mit der Speisestärke binden und mit dem Essig abschmecken. Mit dem restlichen Sesamöl beträufelt servieren. Dazu paßt am besten Reis.

Hauchdünn geschnittenes Roastbeef und frisches Gemüse – das ergibt ein köstliches »Wokgericht«, das ideal ist, wenn Gäste kommen.

Rindfleisch mit Sellerie

Zutaten für 4–6 Personen:
750 g Rindfleisch aus der Keule
12 kleine Schalotten
1–2 Knoblauchzehen
1 Staude Bleichsellerie
50 g Butterschmalz
100 g Walnußkerne
Salz
weißer Pfeffer, frisch gemahlen
1 Teel. Weizenmehl
1/8 l kräftiger Rotwein
2 Eßl. Crème fraîche
einige Tropfen Worcestersauce

Raffiniert • Gelingt leicht

Bei 6 Personen pro Portion etwa:
1800 kJ/430 kcal
30 g Eiweiß · 30 g Fett
7 g Kohlenhydrate

- Zubereitungszeit: etwa 45 Minuten

1. Das Rindfleisch mit einem Tuch abreiben, wenn nötig, entsehnen und in daumengroße Stücke schneiden.

2. Die Schalotten schälen. Den Knoblauch schälen und sehr fein würfeln. Den Bleichsellerie putzen, waschen, abtropfen lassen und in etwa 1 cm dicke Scheiben schneiden.

3. Das Butterschmalz im Wok erhitzen und die Walnußkerne darin portionsweise kurz anrösten. Dann beiseite stellen.

4. Das restliche Butterschmalz im Wok erhitzen, die Schalotten und den Knoblauch darin glasig braten. Das Fleisch portionsweise zufügen und rundherum Farbe nehmen lassen. Salzen und pfeffern und mit dem Mehl bestäuben.

5. Das Fleisch mit dem Rotwein ablöschen, den Bleichsellerie zufügen und alles etwa 5 Minuten bei starker Hitze kochen lassen. Erst dann mit der Crème fraîche verfeinern, mit der Worcestersauce abschmecken und die Walnüsse unterheben. Dazu Bandnudeln reichen.

Rindertopf mit Ananas

Zutaten für 4 Personen:
600 g Rinderrouladen aus der Keule
250 g Ananasstücke (aus der Dose)
40 g Butterschmalz
Salz
weißer Pfeffer, frisch gemahlen
3 Teel. Weizenmehl
200 ml Rinderfond (aus dem Glas)
100 ml milder Rotwein oder Johannisbeersaft
2–3 Eßl. Ananassaft aus der Dose (nicht, wenn Johannisbeersaft verwendet wird)
50 g blättrig geschnittene Mandeln

Für Gäste

Pro Portion etwa:
2300 kJ/550 kcal
47 g Eiweiß · 32 g Fett
9 g Kohlenhydrate

- Zubereitungszeit: etwa 35 Minuten

1. Die Rouladen mit Küchenpapier abtupfen, dann schräg zur Faser in etwa 1 cm breite Streifen schneiden.

2. Die Ananasstücke gründlich abtropfen lassen. Das Butterschmalz im Wok erhitzen, die Ananasstücke darin braten, bis sie zart gebräunt sind. Dann auf den Abtropfrost legen.

3. Das Fleisch im Bratfett rundherum Farbe nehmen lassen. Salzen, pfeffern und mit dem Mehl bestäuben. Unter Rühren mit dem Rinderfond, dem Rotwein und dem Ananassaft oder dem Johannisbeersaft ablöschen und zugedeckt etwa 10 Minuten schmoren lassen. Die Ananasstücke untermischen und erwärmen. Das Gericht mit den Mandeln bestreuen und dann servieren.

Tip!

Wer mehr Zeit hat, sollte die Dosenananasstücke durch Würfel einer frischen Frucht ersetzen. Das nur in frischer Ananas enthaltene Enzym Bromelin läßt das Fleisch ganz zart werden. Bei Verwendung von Dosenfrüchten können Sie der Schmorflüssigkeit 2 cl Cognac zufügen, der ebenfalls das Fleisch zart macht.

Im Bild hinten: Rindfleisch mit Sellerie
Im Bild vorne: Rindertopf mit Ananas

Rindfleisch mit Pilzen und Zwiebeln

Mu-Err-Pilze sind auch unter dem Namen Wolkenohr- oder Baumpilze in unterschiedlicher Qualität im Handel. Grundsätzlich gilt: Je größer, um so besser. Kleine, zerbrochene Pilze sollten Sie nicht kaufen.

Zutaten für 4 Personen:
20 g getrocknete Mu-Err-Pilze
500 g Rindfleisch aus der Keule
2 Teel. Speisestärke
500 g Gemüsezwiebeln
1 große grüne Paprikaschote
1 große rote Paprikaschote
4 Eßl. Erdnuß- oder Sojaöl
1/8 l Hühnerbrühe
2–3 Eßl. Austernsauce (Fertigprodukt)
Salz
Cayennepfeffer
geschroteter Koriander

Für Ungeübte

Pro Portion etwa:
1900 kJ/450 kcal
38 g Eiweiß · 25 g Fett
18 g Kohlenhydrate

- Quellzeit: etwa 12 Stunden
- Zubereitungszeit: etwa 25 Minuten

1. Die Pilze mit 1/2 l lauwarmem Wasser bedeckt etwa 12 Stunden quellen lassen. Dann in einem Sieb gründlich unter fließendem Wasser waschen und gut abtropfen lassen. Die harten Stielenden abschneiden und die Pilze je nach Größe halbieren oder vierteln.

2. Das Fleisch mit einem Tuch abreiben und quer zur Faser in hauchdünne Scheiben schneiden. Mit der Speisestärke bestäuben und diese gut ins Fleisch einmassieren.

3. Die Zwiebeln schälen, längs halbieren und die Hälften längs in etwa 5 mm dicke Scheiben schneiden.

4. Beide Paprikaschoten halbieren, von Samenkernen und Trennwänden befreien, abspülen und gründlich abtropfen lassen. Mit den Handballen leicht flachdrücken und in kleine Rhomben schneiden.

5. Das Öl im Wok rauchheiß werden lassen und die Zwiebeln darin unter Rühren braten, bis sie zart gebräunt sind. Dann auf den Abtropfrost legen.

6. Das Fleisch im Öl ebenfalls unter Rühren braten, bis es rundherum Farbe genommen hat. Die Paprikastücke und die Pilze zufügen und nur etwa 1 Minute garen. Dann die Hühnerbrühe und die Austernsauce einrühren und alles einmal aufkochen lassen.

7. Die Zwiebeln wieder in den Wok geben und erwärmen. Das Gericht mit Salz, Cayennepfeffer und Koriander abschmecken. Dazu Reis servieren.

Tip!

Das Einweichwasser von getrockneten Pilzen grundsätzlich nicht weggießen, es enthält sehr viele Aromastoffe. Es wird durch einen Kaffeefilter gegossen, um Sand oder Trubstoffe zu entfernen. Dann bei starker Hitze um mindestens ein Drittel einkochen. Die sehr würzige Flüssigkeit im Eiswürfelbehälter einfrieren und anschließend in einen Gefrierbeutel geben. So kann sie in beliebigen Portionen entnommen werden. Der Pilzfond eignet sich nicht nur für Gerichte aus dem Wok, sondern auch zum Verfeinern von Schmorbratensaucen oder für kurzgebratenes dunkles Fleisch.

Varianten:
Statt Rinderkeule können Sie auch Lammkeule oder – ganz besonders fein, aber etwas teurer – Lammfilet verwenden.

Das Rindfleisch mit Pilzen und Zwiebeln wird im Wok »pfannengerührt« und pikant gewürzt.

Kalbfleisch mit Kirschsauce

Zutaten für 4 Personen:
4 Kalbsschnitzel (je etwa 180 g)
2 Eßl. Weizenmehl
Salz
weißer Pfeffer, frisch gemahlen
30 g Butterschmalz
250 g Sauerkirschen, ohne Stein (aus dem Glas)
100 ml Sauerkirschsaft (aus dem Glas)
100 ml milder Rotwein
50 g Crème fraîche
1/2 Teel. gemahlener Kardamon
1 Prise Ingwerpulver

Schnell

Pro Portion etwa:
1600 kJ/380 kcal
39 g Eiweiß · 15 g Fett
17 g Kohlenhydrate

- Zubereitungszeit: etwa 20 Minuten

1. Die Kalbsschnitzel mit Küchenpapier abtupfen, zwischen zwei Bögen Klarsichtfolie legen und mit der flachen Seite des Fleischklopfers so dünn wie möglich klopfen. Dann längs halbieren und jede Hälfte in vier Stücke schneiden.

2. Das Mehl auf einem Teller mit Salz und Pfeffer mischen. Die Fleischstücke darin wenden und die Panade gut andrücken. Das Butterschmalz im Wok erhitzen und die Fleischstücke darin zart bräunen lassen. Auf den Abtropfrost legen.

3. Die Sauerkirschen mit dem Sauerkirschsaft und dem Rotwein in den Wok geben, aufkochen, das Fleisch zufügen und alles etwa 5 Minuten köcheln lassen. Die Crème fraîche einrühren und das Gericht mit Salz, Pfeffer, dem Kardamom und dem Ingwer abschmecken. Dazu passen in Butter geschwenkte Bandnudeln besonders gut.

Kalbfleisch mit Äpfeln und Cidre

Zutaten für 4–6 Personen:
800 g Kalbsrücken
3 säuerliche Äpfel
1 Eßl. Zitronensaft
3 Frühlingszwiebeln
12 Kurpflaumen, ohne Stein
2 Eßl. Weizenmehl
Salz
weißer Pfeffer, frisch gemahlen
50 g Butterschmalz
200 ml Cidre, Apfelmost oder -saft
2 cl Calvados

Für Gäste

Bei 6 Personen pro Portion etwa:
1300 kJ/310 kcal
29 g Eiweiß · 11 g Fett
20 g Kohlenhydrate

- Zubereitungszeit: etwa 35 Minuten

1. Das Fleisch mit einem Tuch abreiben, längs halbieren und in schmale Streifen schneiden.

2. Die Äpfel schälen, vierteln, von Kerngehäusen, Blüten- und Stengelansätzen befreien und längs in dünne Scheiben schneiden. Rasch mit dem Zitronensaft vermischen, damit die Apfelstücke sich nicht braun verfärben.

3. Die Frühlingszwiebeln putzen und schräg in dünne Ringe schneiden. Die Kurpflaumen längs vierteln.

4. Das Mehl mit Salz und Pfeffer würzen und die Fleischstreifen darin wenden. Das Butterschmalz im Wok erhitzen und die Fleischstücke darin unter Rühren rundherum Farbe nehmen lassen. Dann auf den Abtropfrost legen.

5. Die Äpfel und die Zwiebeln im Bratfett garen, bis die Zwiebeln glasig sind. Mit dem Cidre oder dem Apfelmost ablöschen, die Kurpflaumen und das Fleisch zufügen und alles bei starker Hitze 2–3 Minuten kochen lassen. Mit dem Calvados und Salz und Pfeffer abschmecken. Dazu eine Mischung aus Langkorn- und wildem Reis oder schmale Bandnudeln reichen.

Im Bild hinten: Kalbfleisch mit Kirschsauce
Im Bild vorne: Kalbfleisch mit Äpfeln und Cidre

Schollenfilets mit Schinken

Zutaten für 4 Personen:
1 Stück frische Ingwerwurzel
(etwa 2 cm)
2 Frühlingszwiebeln oder Schalotten
100 g kleine Champignons
8 tiefgekühlte Schollenfilets, aufgetaut
(je etwa 75 g)
2 Teel. Himbeer- oder Sherryessig
Salz
weißer Pfeffer, frisch gemahlen
4 dünne Scheiben Parmaschinken
200 ml Fischfond (aus dem Glas)
200 ml trockener Weißwein
2 Eßl. Crème fraîche

Raffiniert

Pro Portion etwa:
1300 kJ/310 kcal
31 g Eiweiß · 14 g Fett
5 g Kohlenhydrate

- Zubereitungszeit: etwa 25 Minuten

1. Die Ingwerwurzel schälen und in dünne Scheiben schneiden. Die Frühlingszwiebeln oder die Schalotten und die Champignons putzen, die Zwiebeln in Ringe, die Pilze in Scheiben schneiden.

2. Die Fischfilets mit Küchenpapier abtupfen und mit dem Essig einpinseln. Ganz leicht salzen und pfeffern. 4 Filets mit je 1 Schinkenscheibe, den Pilzen und 1 anderen Schollenfilet belegen.

3. Den Ingwer und die Frühlingszwiebeln in den Wok geben. Den Dampfrost hineinlegen. Den Fischfond und den Wein vermischen und nur soviel in den Wok gießen, daß die Flüssigkeit etwa 1 cm unter dem Rost steht. Den Sud zum Kochen bringen.

4. Die Fischfilets auf den Rost legen und im geschlossenen Wok etwa 10 Minuten dämpfen. Dann herausnehmen und warm stellen.

5. Den Fond durchsieben, wieder in den Wok gießen und die restliche Mischung zufügen. Bei starker Hitze um ein Drittel einkochen lassen. Mit der Crème fraîche verfeinern und mit Salz und Pfeffer abschmecken. Als Sauce zu den Fischfilets reichen.
Dazu schmeckt mit Erbsen vermischter Reis.

Fischklößchen mit Ingwer

Zutaten für 4 Personen:
500 g Rotbarschfilet
4 Schalotten
1 Stück frische Ingwerwurzel (etwa
2 cm)
1/2 Bund Korianderkraut, ersatz-
weise glatte Petersilie
2–3 Eßl. Eiswasser
2 Eßl. Speisestärke
1 Ei
1 Eigelb
Salz
weißer Pfeffer, frisch gemahlen
Zitronensaft
Erdnuß- oder Sojaöl zum Ausbacken

Braucht etwas Zeit

Pro Portion etwa:
920 kJ/220 kcal
26 g Eiweiß · 7 g Fett
13 g Kohlenhydrate

- Zubereitungszeit: etwa 1 Stunde 10 Minuten (davon etwa 30 Minuten Kühlzeit für die Klößchen)

1. Das Fischfilet abspülen, trockentupfen und entgräten. Die Schalotten schälen und klein hacken. Die Ingwerwurzel schälen, die Kräuter abspülen und trockenschütteln. Alles durch den Fleischwolf drehen oder alles im Mixer zerkleinern.

2. Die Mischung mit dem Wasser, 1 Eßlöffel von der Speisestärke, dem Ei und dem Eigelb zu einem Teig kneten, mit Salz, Pfeffer und Zitronensaft abschmecken. Mit angefeuchteten Händen zu tischtennisballgroßen Klößchen formen.

3. Die Klöße mit der restlichen Speisestärke bestäuben und etwa 30 Minuten in den Kühlschrank stellen.

4. Reichlich Öl im Wok rauchheiß werden lassen und die Klößchen darin portionsweise ausbacken, bis sie rundherum zart gebräunt sind. Gut abtropfen lassen und heiß servieren. Dazu schmeckt Kartoffelsalat.

Im Bild hinten:
Schollenfilets mit Schinken
Im Bild vorne:
Fischklößchen mit Ingwer

Räucherforellen über Kräutersud

Zutaten für 2 Personen:
2 küchenfertige Forellen (je etwa 300 g)
Salz
weißer Pfeffer, frisch gemahlen
1 Handvoll Räuchermehl
1/2 Teel. Korianderkörner
2 Bund Dill
1 Bund Petersilie
2 Zweige Liebstöckel
1 Möhre
1 kleine Zwiebel
100 ml trockener Weißwein
100 ml Fischfond (aus dem Glas)
100 g Sahne
30 g kalte Butter

Gelingt leicht • Raffiniert

Pro Portion etwa:
2800 kJ/670 kcal
64 g Eiweiß · 37 g Fett
13 g Kohlenhydrate

- Zubereitungszeit: etwa 40 Minuten

1. Die Forellen innen und außen unter fließendem Wasser waschen, mit Küchenpapier trockentupfen und nur von innen mit Salz und Pfeffer würzen. Den Bauch der Fische mit zerknüllter Alufolie füllen.

2. Den Wok ganz und gar mit Alufolie auskleiden, damit er durch das Räuchermehl nicht verschmutzt. Das Räuchermehl und die Korianderkörner hineingeben und den Wok bei starker Hitze und mit locker aufgelegtem Deckel aufheizen.

3. Den Dampfrost in den Wok legen und die Fische mit der Bauchseite nach unten darauf setzen. Den Deckel schließen und die Forellen etwa 15 Minuten räuchern.

4. Den Dill, die Petersilie und den Liebstöckel abspülen, trockenschütteln und fein hacken. 2 Eßlöffel der Kräuter beiseite stellen. Die Möhre schaben, die Zwiebel schälen und dann beides nicht zu fein würfeln.

5. Die Forellen aus dem Wok nehmen. Das Räuchermehl mit Hilfe der Alufolie entfernen. Den Dampfrost säubern.

6. Etwa 2 cm hoch von dem Wein und dem Fischfond in den Wok füllen. Die Kräuter, die Möhre und die Zwiebelwürfel zufügen. Den Rost wieder einlegen und die Forellen darauf setzen. Zugedeckt 10–12 Minuten dämpfen, warm stellen.

7. Den Sud durch ein Sieb in einen Topf gießen, den restlichen Wein, den restlichen Fischfond und die Sahne einrühren. Den Sud bei starker Hitze um die Hälfte einkochen lassen. Die Butter in kleinen Flöckchen mit einer Gabel oder einem Saucenbesen in den Sud einschwenken.

8. Die Sauce mit Salz und Pfeffer abschmecken und die zurückgestellten Kräuter zufügen. In eine tiefe Platte gießen. Die Folie aus den Forellen entfernen, die Fische filetieren und häuten und auf der Sauce anrichten. Dazu neue Kartoffeln oder frisches Stangenweißbrot und beliebiges Zartgemüse wie Zuckerschoten, Prinzeßbohnen, Broccoliröschen oder junge Möhren servieren.

Tip!

Räuchermehl bekommen Sie in Fachgeschäften für Anglerbedarf. Sie können aber auch Ihren Fleischer – sofern er selber wurstet – danach fragen. Statt Koriander können Sie auch eine winzige Menge getrocknete Orangenschale (gibt's in der Apotheke) oder 1 Teelöffel schwarzen oder grünen Tee zum Räuchermehl geben.

Varianten:
Über mit Tee gewürztem Räuchermehl lassen sich besonders gut zarte Entenbrüstchen räuchern. Oder räuchern Sie einmal Hühnerklein, das Sie dann als Grundlage für eine Brühe verwenden. Die Brühe bekommt einen sehr interessanten Geschmack und eine zartbraune Farbe.

Forellen mal nicht »blau«, sondern im Wok geräuchert schmecken ganz köstlich.

Aal mit Zitronen-Kräuter-Butter

Zutaten für 4 Personen:
800 g ausgenommener und gehäuteter Aal
Salz
4 Eßl. Weinessig
1 Bund gemischte frische Kräuter
1 unbehandelte Zitrone
5 Eßl. Mehl
weißer Pfeffer, frisch gemahlen
50 g Butterschmalz · 80 g Butter

Gelingt leicht • Raffiniert

Pro Portion etwa:
3900 kJ/930 kcal
34 g Eiweiß · 78 g Fett
22 g Kohlenhydrate

- Zubereitungszeit: etwa 35 Minuten

1. Den Aal mit Salz abreiben, abspülen und trockentupfen. In 5–6 cm lange Stücke schneiden und in einer Schüssel mit dem Essig übergießen. Etwa 10 Minuten ziehen lassen.

2. Die Kräuter abspülen, trockenschütteln und fein hacken. Die Zitrone unter heißem Wasser waschen, abtrocknen und die Schale abreiben. Den Saft auspressen.

3. Das Mehl in einer flachen Schüssel mit wenig Salz und reichlich Pfeffer würzen. Die Aalstücke sorgfältig trockentupfen und in dem Mehl wenden.

4. Das Butterschmalz im Wok rauchheiß werden lassen und die Aalstücke darin portionsweise unter häufigem Wenden 6–8 Minuten braten, bis sie rundherum schön gebräunt sind. Auf einer dicken Lage Küchenpapier abfetten.

5. Das Bratfett aus dem Wok abgießen. Den Wok auswischen. Die Butter darin kurz aufschäumen lassen. Die Kräuter, die Zitronenschale und den -saft einrühren. Die Aalstücke darin unter Wenden kurz erwärmen, dann mit der Butter anrichten. Dazu am besten neue Kartoffeln und grünen Salat servieren.

Varianten:
Wenn Sie es ganz besonders pikant mögen, geben Sie noch eingelegte grüne Pfefferkörner an die Zitronen-Kräuter-Butter.

Sardinen mit Kapern und Parmesan

Zutaten für 4 Personen:
12 küchenfertige Sardinen (je etwa 60 g)
4 Eßl. Zitronensaft
1 Bund glatte Petersilie
4 Scheiben altbackenes Weißbrot
2 Eßl. kaltgepreßtes Olivenöl
1 Eigelb
1 Eßl. Kapern
4 Eßl. frisch geriebener Parmesan
Salz
weißer Pfeffer, frisch gemahlen
Mehl zum Bestäuben
Zahnstocher
60 g Butterschmalz
2 unbehandelte Zitronen

Für Gäste

Pro Portion etwa:
2700 kJ/640 kcal
49 g Eiweiß · 39 g Fett
29 g Kohlenhydrate

- Zubereitungszeit: etwa 30 Minuten

1. Die Sardinen an der Bauchseite ganz aufschneiden, unter fließendem Wasser gründlich abspülen, trockentupfen und mit dem Zitronensaft beträufeln.

2. Die Petersilie abspülen und trockenschütteln. Das Weißbrot entrinden. Die Petersilie und das Weißbrot mit dem Öl, dem Eigelb, den Kapern und dem Käse im Mixer zu einer glatten Farce verarbeiten und mit Salz und Pfeffer würzen.

3. Die Fische aufklappen mit der Haut nach unten auf die Arbeitsfläche legen, mit der Farce bestreichen, zusammenrollen und mit Zahnstochern zustecken. Mit Mehl bestäuben.

4. Das Butterschmalz im Wok erhitzen und die Fischrollen darin portionsweise unter Wenden 2–3 Minuten garen. Fertige gegarte Fische warm stellen.

5. Die Zitronen heiß abspülen, abtrocknen, in Scheiben schneiden und auf eine Platte legen. Die Sardinenrollen darauf anrichten.

Im Bild hinten:
Aal mit Zitronen-Kräuter-Butter
Im Bild vorne: Sardinen mit Kapern und Parmesan

Dorschfilet mit Ingwersauce

Zutaten für 4 Personen:
600 g Dorschfilet
5 Eßl. trockener Weißwein
Salz
2 Frühlingszwiebeln
1 Stück frische Ingwerwurzel (etwa 4 cm)
1 Knoblauchzehe
200 ml Erdnuß- oder Sojaöl
2 Eier
4 Eßl. Mehl
1 Eßl. geschälte Sesamsamen
200 ml Hühnerbrühe
2 Eßl. Sojasauce
2 Teel. Speisestärke
1 kräftige Prise Zucker
2 Teel. eingelegte grüne Pfefferkörner

Raffiniert

Pro Portion etwa:
2635 kJ/630 kcal
46 g Eiweiß · 36 g Fett
26 g Kohlenhydrate

- Zubereitungszeit: etwa 30 Minuten

1. Den Fisch kurz abspülen, trockentupfen, in etwa 5 cm große Stücke schneiden, mit etwas von dem Wein beträufeln und salzen.

2. Die Frühlingszwiebeln putzen und schräg in dünne Ringe schneiden. Den Ingwer und die Knoblauchzehe schälen und beides sehr fein würfeln.

3. Das Öl bis auf 2 Eßlöffel im Wok rauchheiß werden lassen. Die Eier verquirlen. Die Fischstücke portionsweise zuerst in verquirltem Ei wenden, dann dünn mit dem Mehl bestäuben. Im heißen Öl knusprig braun braten. Vorsichtig wenden, und den fertigen Fisch zum Abfetten auf eine dicke Lage Küchenpapier legen.

4. Das Fett abgießen und den Wok reinigen. Das restliche Öl darin erhitzen und die Sesamsamen kurz anrösten. Die Zwiebeln, den Ingwer und den Knoblauch zufügen und etwa 10 Sekunden braten.

5. Den restlichen Wein, die Hühnerbrühe und die Sojasauce angießen und aufkochen. Die Speisestärke in Wasser auflösen und die Sauce damit binden. Mit Salz, dem Zucker und den Pfefferkörnern würzen. Die Fischstücke einlegen und unter vorsichtigem Wenden erhitzen. In der Sauce servieren. Dazu schmeckt Reis.

Garnelen mit Schinken

Zutaten für 4 Personen:
1 dicke Scheibe luftgetrockneter roher Schinken (etwa 100 g)
2 dünne Frühlingszwiebeln
500 g ungekochte, aber geschälte Riesengarnelen
3 Teel. Speisestärke
200 ml Erdnuß- oder Sojaöl
250 g tiefgekühlte Erbsen, aufgetaut
200 ml Hühnerbrühe
2–3 Eßl. Sojasauce
2–3 Eßl. Sake (Reiswein) oder trockener Sherry (Fino)
Salz
schwarzer Pfeffer, frisch gemahlen

Etwas teuer

Pro Portion etwa:
2300 kJ/550 kcal
35 g Eiweiß · 39 g Fett
14 g Kohlenhydrate

- Zubereitungszeit: etwa 25 Minuten

1. Den Schinken in knapp 1 cm große Würfel schneiden. Die Frühlingszwiebeln putzen und in dünne Ringe schneiden.

2. Die Garnelen in einem Sieb unter kaltem Wasser abspülen, gründlich abtropfen lassen und die schwarzen Darmfäden entfernen. Die Garnelen dünn mit Speisestärke bestäuben.

3. Das Öl bis auf 2 Eßlöffel im Wok erhitzen und die Garnelen darin unter Rühren portionsweise nur solange braten, bis sie weiß geworden sind. Die Garnelen auf einer Lage Küchenpapier abfetten.

4. Das Bratöl abgießen und das restliche Öl im Wok erhitzen. Die Erbsen, den Schinken und die Zwiebeln hineingeben, etwa 10 Sekunden braten, dann mit der Hühnerbrühe, der Sojasauce und dem Reiswein oder dem Sherry ablöschen und alles aufkochen. Mit der restlichen, in Wasser aufgelösten Speisestärke binden.

5. Die Garnelen in der Sauce erhitzen, mit Salz und Pfeffer abschmecken.

Bild oben:
Dorschfilet mit Ingwersauce
Bild unten: Garnelen mit Schinken

Garnelen mit Paprikagemüse

Dies ist die etwas europäisierte Variante eines Gerichtes aus der chinesischen Provinz Hunan. Diese Provinz hat den fruchtbarsten Boden in China und wohl eine der besten Küchen des ganzen Landes.

Zutaten für 4 Personen:
500 g ungekochte, aber geschälte Riesengarnelen
1 Eiweiß
1 Eßl. Speisestärke
1 rote Paprikaschote
1 grüne Paprikaschote
1 gelbe Paprikaschote
1 kleine grüne Pfefferschote
1 Knoblauchzehe
1 Stück frische Ingwerwurzel (etwa 3 cm)
1 kleine, dünne Stange Lauch
200 ml Erdnuß- oder Sojaöl
6 Eßl. Hühnerbrühe
2–3 Eßl. Sojasauce
3 Teel. Reis- oder Apfelessig
Salz
2 Teel. Sesamöl

Für Gäste
Etwas teurer

Pro Portion etwa:
2000 kJ/480 kcal
34 g Eiweiß · 32 g Fett
14 g Kohlenhydrate

- Zubereitungszeit: etwa 30 Minuten

1. Die Riesengarnelen unter fließendem Wasser kurz abspülen und gründlich abtropfen lassen. Die schwarzen Darmfäden mit einem Messer entfernen.

2. Das Eiweiß mit einer Gabel leicht verschlagen und mit der Hälfte der Speisestärke vermischen. Die Garnelen hineingeben und alles gut mischen.

3. Die Paprikaschoten an den Nahtstellen aufschneiden und die Samenstränge entfernen. Dann waschen und gut trockentupfen. Mit dem Handballen leicht flachdrücken und das Fruchtfleisch in etwa 2 cm große Rhomben schneiden.

4. Die Pfefferschote längs halbieren. Stengelansätze, Samenkerne und Samenstränge entfernen. Die Schote dann abspülen, trockentupfen und sehr fein würfeln.

5. Die Knoblauchzehe und den Ingwer schälen, beides sehr fein hacken oder durch die Knoblauchpresse drücken. Den Lauch putzen, waschen und abtropfen lassen. Den hellen Teil schräg in sehr dünne Ringe schneiden. Vom Grün nur den zarten, unteren Teil in Rhomben schneiden.

6. Das Öl im Wok rauchheiß werden lassen und die Garnelen darin portionsweise etwa 10 Sekunden braten, bis sie weiß sind. Beiseite legen, bis alle fertig sind. Das Öl bis auf etwa 3 Eßlöffel aus dem Wok abgießen.

7. Die Paprika- und die Pfefferschotenstücke, den Knoblauch, den Ingwer und den Lauch ins Öl geben und unter Rühren etwa 10 Sekunden braten. Dann die Hühnerbrühe zufügen und alles etwa 30 Sekunden kräftig rühren.

8. Die restliche Speisestärke in der Sojasauce auflösen, in den Wok gießen und die Flüssigkeit einmal aufkochen lassen. Dann mit dem Essig und, nach Belieben, etwas Salz würzen. Die Garnelen hineingeben und unter Rühren erwärmen. Alles auf eine Platte geben, mit dem Sesamöl beträufeln und servieren. Dazu paßt Reis am besten.

Tip!

Ganz typisch wäre es, das Gericht nur mit wenig Sojasauce, dafür aber mit scharfer Bohnenpaste zu würzen. Diese Bohnenpaste wird in Hunan fast zu jeder Mahlzeit gereicht. Sie besteht aus Sojabohnenpaste und zerstoßenen, in Öl gebratenen Chilischoten. Sie bekommen sie in guten Asiengeschäften.

Auch mit Meeresfrüchten lassen sich im Wok köstliche Gerichte zaubern – diese Garnelen mit Paprikagemüse schmecken Spitze!

Scampi in roter Sauce

Ein Gericht aus Shanghai, das auch mit Riesengarnelen bereitet werden kann.

Zutaten für 4 Personen:
16–20 große rohe Scampi (Kaisergranat)
5 Eßl. Tomatenketchup
3 Teel. brauner Zucker oder flüssiger Honig
3–4 Eßl. Sojasauce
4 Eßl. Sake (Reiswein) oder trockener Sherry (Fino)
1 Eßl. Reis- oder Apfelessig
Salz
1 Stück frische Ingwerwurzel (etwa 2 cm)
2 Frühlingszwiebeln
6 Eßl. Erdnuß- oder Sojaöl

Raffiniert

Pro Portion etwa:
1900 kJ/450 kcal
25 g Eiweiß · 32 g Fett
16 g Kohlenhydrate

- Zubereitungszeit: etwa 30 Minuten

Tip!

Servieren Sie dazu nach europäischer Sitte frisches Stangenweißbrot, um die köstliche Sauce auftunken zu können.

1. Die Scampi unter fließendem Wasser abspülen und gründlich trockentupfen. Die Panzer an der Unterseite mit der Küchenschere längs einschneiden.

2. Für die Sauce den Tomatenketchup, den Zucker oder den Honig, die Sojasauce, den Reiswein oder den Sherry und den Essig in einem Schälchen verrühren. Eventuell mit Salz würzen.

3. Den Ingwer schälen, in Scheiben und diese in ganz feine Streifen schneiden. Die Frühlingszwiebeln putzen und sehr fein hacken. Das Öl im Wok rauchheiß werden lassen und die Scampi darin portionsweise braten, bis sie rot sind. Dann herausnehmen.

4. Das Öl bis auf 2 Eßlöffel aus dem Wok abgießen. Im restlichen Öl den Ingwer und die Zwiebeln kurz braten. Die Sauce zufügen und aufkochen. Die Scampi darin solange wenden, bis sie ganz von der Sauce überzogen sind. So anrichten, daß die Köpfe alle in einer Richtung liegen.

Chinesisches Krabbenomelett

Zutaten für 4 Personen:
250 g geschälte Tiefseekrabben
2 Eßl. Sojasauce
2 Eßl. Sake (Reiswein) oder trockener Sherry (Fino)
2 Frühlingszwiebeln
6 Eier
5 Tropfen Sesamöl
Salz
weißer Pfeffer, frisch gemahlen
6 Eßl. Erdnußöl
30 g Schweineschmalz

Gelingt leicht
Raffiniert

Pro Portion etwa:
2200 kJ/520 kcal
24 g Eiweiß · 46 g Fett
3 g Kohlenhydrate

- Zubereitungszeit: etwa 15 Minuten

Tip!

Das Krabbenomelett auf in breite Streifen geschnittenem Romana- oder Kopfsalat anrichten und mit dem Frühlingszwiebelgrün bestreuen.

1. Die Krabben unter fließendem Wasser abspülen, abtropfen lassen und trockentupfen. Die Sojasauce und den Reiswein oder den Sherry vermischen und die Krabben darin etwa 5 Minuten marinieren.

2. Inzwischen die Frühlingszwiebeln putzen, die weißen Knollen sehr fein würfeln, das Grün schräg in dünne Streifen schneiden. Die Eier mit dem Sesamöl verquirlen, abschmekken und mit Salz und Pfeffer nach Belieben würzen.

3. Das Erdnußöl im Wok erhitzen. Die Krabben abtropfen lassen und sehr gründlich trockentupfen. Im Öl unter Rühren etwa 2 Minuten braten, dann herausnehmen und zum Abfetten auf eine dicke Lage Küchenpapier legen.

4. Das Öl abgießen und das Schmalz im Wok erhitzen. Die gehackten Zwiebeln darin glasig braten. Die Eimasse zufügen und langsam rühren. Sobald sie zu stocken beginnt, die Krabben untermischen. Alles weitergaren, bis die Eimasse fest, aber noch von cremiger Konsistenz ist.

Tofu in Sesampanade auf Champignons

Zutaten für 4 Personen:
500 g Tofu
1/2 Bund Petersilie
1/2 Bund Schnittlauch
500 g braune Champignons
2 Teel. Kräuteressig
1 Ei
Salz
Cayennepfeffer
1 Eßl. Speisestärke
1/8 l Erdnuß- oder Sojaöl
4 Eßl. weiße Sesamsamen
30 g Butter

Gelingt leicht • Schnell

Pro Portion etwa:
2000 kJ/480 kcal
20 g Eiweiß · 38 g Fett
12 g Kohlenhydrate

- Zubereitungszeit: etwa 35 Minuten

1. Den Tofu abtropfen lassen. Beide Blöcke getrennt in ein Tuch einwickeln und vorsichtig ausdrücken. Dabei darf der Tofu nicht zerbrechen. Dann jeden Block quer halbieren.

2. Die Kräuter abspülen, trockenschütteln und fein hacken. Die Champignons putzen, jedoch nicht waschen, sondern nur mit Küchenpapier abreiben und in Scheiben schneiden. Rasch mit dem Essig vermischen.

3. Das Ei verquirlen. Kräftig mit Salz und Cayennepfeffer würzen. Die Tofuwürfel mit der Speisestärke bestäuben. Das Öl im Wok erhitzen.

4. Die Tofuwürfel zuerst in Ei, dann in den Sesamsamen wenden und die Panade gut andrücken. Den Tofu im heißen Öl beidseitig knusprig braun braten. Dann auf Küchenpapier abtropfen lassen und warm stellen.

5. Das Öl aus dem Wok abgießen und die Butter darin erhitzen. Die Pilze unter Rühren knapp 2 Minuten braten. Mit den Kräutern vermischen. In eine Schüssel geben und den Tofu darauf anrichten.

Tofu mit Paprikagemüse

Zutaten für 4 Personen:
500g Tofu
500 g gemischte Paprikaschoten
1 grüne Pfefferschote
2 Knoblauchzehen
2 mittelgroße Zwiebeln
50 g Pinienkerne
6 Eßl. Erdnuß- oder Sojaöl
4 Eßl. Sojasauce
4 Eßl. Sake (Reiswein) oder trockener Sherry (Fino)
1/8 l Hühnerbrühe
1 Teel. Speisestärke

Preiswert

Pro Portion etwa:
2300 kJ/550 kcal
22 g Eiweiß · 41 g Fett
21 g Kohlenhydrate

- Zubereitungszeit: etwa 45 Minuten

1. Den Tofu abtropfen lassen, in ein Tuch wickeln und vorsichtig ausdrücken.

2. Inzwischen die Paprikaschoten und die Pfefferschote putzen, von den Samensträngen befreien, abspülen und gründlich trockentupfen. Die Paprikaschoten in etwa 3 cm große Würfel schneiden, die Pfefferschote fein hacken. Den Knoblauch und die Zwiebeln schälen. Den Knoblauch hacken, die Zwiebeln würfeln.

3. Die Pinienkerne im heißen Wok ohne Fettzugabe goldgelb rösten, dann herausnehmen. Das Öl im Wok rauchheiß werden lassen. Den Tofu trockentupfen, in etwa 3 cm große Würfel schneiden und im heißen Öl rundherum bräunen. Dann herausnehmen.

4. Die Paprika- und die Pfefferschoten, den Knoblauch und die Zwiebeln im Fett unter Rühren braten, bis die Zwiebeln glasig sind. Die Sojasauce, den Reiswein oder den Sherry und die Hühnerbrühe angießen und aufkochen. Die Tofuwürfel wieder zufügen und alles etwa 5 Minuten schmoren.

5. Die Speisestärke in kaltem Wasser auflösen. Den Schmorfond damit binden. Mit den Pinienkernen bestreut servieren. Dazu schmeckt Reis.

Im Bild hinten: Tofu in Sesampanade auf Champignons
Im Bild vorne:
Tofu mit Paprikagemüse

Tofu mit Zuckerschoten und Chilis

Zutaten für 4 Personen:
6 getrocknete Shiitakepilze
1/8 l lauwarmes Wasser
500 g Tofu
4 Frühlingszwiebeln
3 Knoblauchzehen
1 kleine grüne Pfefferschote
2 getrocknete Chilischoten
200 g Zuckerschoten, ersatzweise ganz zarte grüne Bohnen
4 Eßl. Sojaöl
1/8 l Gemüsebrühe
2–3 Eßl. Sojasauce
1 Prise Zucker
2 Teel. Speisestärke
Salz

Preiswert

Pro Portion etwa:
1900 kJ/450 kcal
20 g Eiweiß · 33 g Fett
18 g Kohlenhydrate

- Quellzeit: etwa 1 Stunde
- Zubereitungszeit: etwa 25 Minuten

1. Die Pilze in dem Wasser etwa 1 Stunde einweichen. Den Tofu abtropfen lassen, mit einem Brett und zwei Konservendosen beschweren und etwa 30 Minuten pressen.

2. Inzwischen die Frühlingszwiebeln putzen und in dünne Ringe schneiden. Den Knoblauch schälen und sehr fein hacken. Die Pfefferschote längs halbieren, von den Samensträngen und Kernen befreien, abspülen und sehr fein würfeln. Die Chilischoten im Mörser zerstoßen. Die Zuckerschoten oder die Bohnen abfädeln, abspülen und abtropfen lassen.

3. Die Pilze abgießen, dabei das Wasser auffangen. Aus den Pilzen die Stiele herausdrehen und wegwerfen, die Hüte vierteln. Dann den Tofu abtupfen und jeden Block in 8 Würfel schneiden.

4. Das Öl im Wok erhitzen. Das gesamte Gemüse darin unter Rühren anbraten, bis die Zwiebeln glasig sind. Die Tofuwürfel zufügen, kurz anbraten und mit dem Pilzwasser und der Gemüsebrühe auffüllen. Mit der Sojasauce und dem Zucker würzen und alles etwa 5 Minuten köcheln lassen.

5. Die Speisestärke in wenig Wasser glattrühren und die Flüssigkeit damit binden. Das Gericht eventuell mit Salz nachwürzen. Dazu Reis servieren.

Tofu mit Bohnensprossen und Gurke

Zutaten für 4 Personen:
500 g Tofu
1 Salatgurke
Salz
200 g Mungobohnenkeime
1/2 Bund Schnittlauch
2 Eßl. geschälte Sesamsamen
4 Eßl. Erdnuß- oder Sojaöl
1/8 l Gemüsebrühe
2 Eßl. Erdnußmus
schwarzer Pfeffer, frisch gemahlen

Für Ungeübte

Pro Portion etwa:
2200 kJ/520 kcal
23 g Eiweiß · 43 g Fett
10 g Kohlenhydrate

- Zubereitungszeit: etwa 40 Minuten

1. Den Tofu etwa 30 Minuten pressen. Die Gurke schälen, längs halbieren, entkernen, in etwa 2 cm breite Streifen schneiden, leicht salzen und etwa 10 Minuten ziehen lassen.

2. Die Mungobohnenkeime in stehendem kaltem Wasser waschen, dabei die nach oben steigenden grünen Häutchen entfernen. Die Sprossen in einem Sieb abtropfen lassen. Den Schnittlauch kleinschneiden. Den Tofu abtupfen, jeden Block in 8 Würfel schneiden.

3. Den Sesam im heißen Wok rösten und beiseite stellen. Das Öl im Wok erhitzen und die Tofuwürfel darin braun braten.

4. Die abgetropften Gurken, die Mungobohnensprossen und die Gemüsebrühe zufügen und alles etwa 5 Minuten schwach köcheln lassen. Erst dann das Erdnußmus einrühren. Das Gericht mit Salz und Pfeffer pikant würzen, mit den Sesamsamen bestreuen und servieren. Dazu schmecken Vollkornnudeln.

Im Bild hinten:
Tofu mit Zuckerschoten und Chilis
Im Bild vorne:
Tofu mit Bohnensprossen und Gurke

Gemüse-Pilz-Reis

Zutaten für 4 Personen:
30 g Mu-Err-Pilze
200 g Langkornreis
400 ml Gemüsebrühe
2 rote Paprikaschoten
1 Zwiebel
1 Knoblauchzehe
2 Frühlingszwiebeln, ersatzweise
1 Stange Lauch
2 Fleischtomaten
1 Bund glatte Petersilie
2 Eßl. kaltgepreßtes Olivenöl
30 g Butter
Salz
Cayennepfeffer

Für Ungeübte

Pro Portion etwa:
2400 kJ/570 kcal
32 g Eiweiß · 26 g Fett
59 g Kohlenhydrate

- Quellzeit: 2–3 Stunden
- Zubereitungszeit: etwa 35 Minuten

1. Die Pilze in reichlich Wasser 2–3 Stunden einweichen. Den Reis mit der Gemüsebrühe im offenen Topf aufkochen, dann den Reis zugedeckt bei ganz schwacher Hitze in etwa 20 Minuten ausquellen lassen.

2. Inzwischen die Paprikaschoten aufschneiden, von Trennwänden und Kernen befreien, waschen und in kleine Rhomben schneiden. Die Zwiebel und den Knoblauch schälen und fein würfeln. Die Frühlingszwiebeln oder den Lauch putzen und schräg in dünne Ringe schneiden.

3. Die Tomaten mit kochendem Wasser überbrühen, häuten, vierteln, entkernen und von den grünen Stengelansätzen befreien. Das Fruchtfleisch würfeln. Die Petersilie abspülen, trockenschütteln und fein hacken. Die Pilze abtropfen lassen und die harten Stielenden entfernen. Die Hüte in 1 cm breite Streifen schneiden.

4. Das Olivenöl und die Butter im Wok erhitzen. Das Gemüse bis auf die Tomaten darin anbraten, bis die Zwiebel glasig ist. Das Gemüse zur Seite schieben und im Fett den Reis unter Rühren 2–3 Minuten braten. Dann rasch mit dem Gemüse, den Pilzen, den Tomatenwürfeln und der Petersilie vermischen. Mit Salz und Cayennepfeffer abschmecken. Wer mag, kann das Gericht mit grünen Oliven garnieren.

Pilaf mit Mandeln

Zutaten für 4 Personen:
50 g kernlose Rosinen
250 g Langkornreis
1/2 l Gemüsebrühe
4 Schalotten
2 Knoblauchzehen
1 kleine rote Pfefferschote
1 kleine helle Paprikaschoten
1 Bund frische gemischte Kräuter
50 g Mandelstifte
50 g Pinienkerne
3 Eßl. Olivenöl
30 g Butter
200 g tiefgekühlte Erbsen, aufgetaut
Salz
Currypulver

Preiswert • Raffiniert

Pro Portion etwa:
3400 kJ/810 kcal
42 g Eiweiß · 40 g Fett
76 g Kohlenhydrate

- Zubereitungszeit: etwa 35 Minuten

1. Die Rosinen in Wasser einweichen. Den Reis mit der Gemüsebrühe im offenen Topf aufkochen, dann zugedeckt in etwa 25 Minuten bei schwacher Hitze ausquellen lassen.

2. Die Schalotten würfeln, den Knoblauch und die Pfefferschote fein hacken.

3. Die Paprikaschoten putzen, waschen, abtropfen lassen und in feine Streifen schneiden. Die Kräuter fein hacken.

4. Die Mandelstifte und die Pinienkerne im heißen Wok ohne Fettzugabe goldgelb rösten, dann herausnehmen. Das Öl und die Butter im Wok erhitzen. Die Erbsen, die Schalotten, den Knoblauch, die Pfefferschote und die Paprikastreifen darin unter Rühren etwa 2 Minuten braten. Zur Seite schieben und den Reis zufügen. Ebenfalls etwa 2 Minuten braten.

5. Die Rosinen abtropfen lassen und mit den Mandeln, den Pinienkernen und den Kräutern unterrühren. Das Pilaf mit Salz und Currypulver abschmecken.

Im Bild hinten: Pilaf mit Mandeln
Im Bild vorne: Gemüse-Pilz-Reis

Reisblätter mit Gemüsefüllung

Zutaten für 4 Personen:
10 g Mu-Err-Pilze
100 g Mungobohnenkeime
4 Frühlingszwiebeln
2 Stangen Bleichsellerie
2 mittelgroße Möhren
150 g Tofu
1 Knoblauchzehe
2 Eßl. Sake (Reiswein) oder trockener Sherry (Fino)
2 Eßl. Sojasauce
2 Eßl. Einweichflüssigkeit von den Pilzen
1 Teel. Speisestärke
1 getrocknete Chilischote
24 Reisblätter (16 cm Ø, etwa 225 g)
1/2 l Erdnuß- oder Sojaöl
Salz

Gelingt leicht • Raffiniert

Pro Portion etwa:
2300 kJ/550 kcal
6 g Eiweiß · 52 g Fett
11 g Kohlenhydrate

- Quellzeit: 2–3 Stunden
- Zubereitungszeit: etwa 40 Minuten

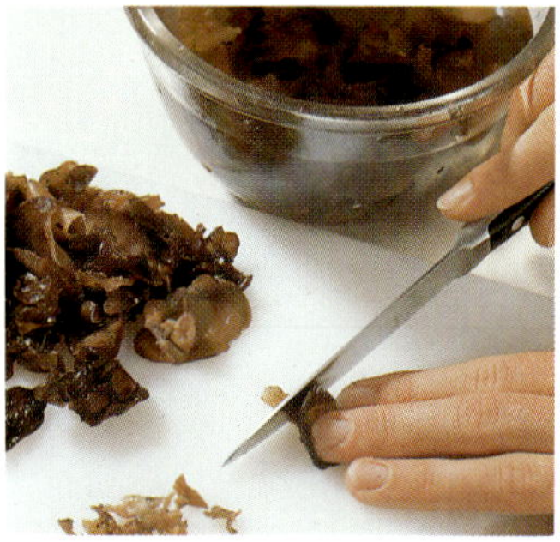

1. Die Mu-Err-Pilze mit reichlich Wasser bedecken und 2–3 Stunden einweichen. Dann abtropfen lassen, von den harten Stielen befreien und in dünne Streifen schneiden.

2. Die Mungobohnenkeime in stehendem Wasser waschen, dabei die nach oben steigenden Häutchen entfernen. Die Sprossen in einem Sieb gründlich abtropfen lassen.

3. Die Frühlingszwiebeln und den Bleichsellerie putzen. Die Möhren schaben. Alles in dünne, etwa 4 cm lange Stifte schneiden.

4. Den Tofu abtropfen lassen, in einem Tuch leicht ausdrücken und mit einer Gabel nicht zu fein zerdrücken. Die Knoblauchzehe schälen. Den Reiswein oder den Sherry, die Sojasauce und das Pilzwasser mit der Speisestärke verrühren. Die Chilischote im Mörser fein zerstoßen.

5. Die Reisblätter kurz in kaltem Wasser einweichen, um sie geschmeidig zu machen, dann jeweils 2 übereinander auf einem feuchten Küchentuch ausbreiten und mit einem zweiten feuchten Tuch bedecken.

6. 2 Eßlöffel von dem Öl im Wok erhitzen und die Zwiebeln, den Sellerie, die Möhren und die Sprossen unter Rühren kurz anbraten. Den Tofu, die Pilze und den durch die Presse gedrückten Knoblauch zufügen und etwa 2 Minuten mitbraten. Die Chilischote und die Würzflüssigkeit unterrühren, alles einmal aufkochen.

7. Die Füllung mit Salz abschmecken und etwas abkühlen lassen, dann auf die Reisblätter verteilen. Die Blätter seitlich umklappen und von unten nach oben zusammenrollen.

8. Den Wok mit Küchenpapier auswischen (Vorsicht heiß!) und das restliche Öl darin rauchheiß werden lassen. Immer 4 Reisblätterrollen auf einmal darin in 2–3 Minuten knusprig braun ausbacken und anschließend zum Abfetten auf den Abtropfrost legen.

Tips!

Die gefüllten Reisblätter als Vorspeise oder Teil eines Menüs servieren. Die Sojasauce und eventuell Sambal Oelek (eine scharfe, rote Pfefferpaste) zum Nachwürzen auf den Tisch stellen.
Reisblätter gibt es abgepackt in Asiengeschäften oder in Supermärkten mit einem guten Sortiment fernöstlicher Produkte.
Es gibt auch große Reisblätter von etwa 27 cm Durchmesser, die man mit dem Gemüse füllen kann. Dann braucht man jedoch nur 2 pro Person. Sie werden ebenso vorbereitet und zusammengerollt wie die kleinen. Der Größe wegen müssen sie aber nacheinander ausgebacken werden.

Variante:
Wenn Sie nicht ganz streng vegetarisch essen wollen, können Sie den Tofu durch feingehackte Hühnerbrust oder Tatar (Rinderschabefleisch) ersetzen.

Wirsingcurry mit Cashewkernen

Ein Gericht aus der vegetarischen Küche Indiens, wo es allerdings sehr viel schärfer gewürzt wird.

Zutaten für 4 Personen:
- *1 mittelgroßer Wirsing (etwa 800 g)*
- *2 getrocknete Chilischoten*
- *1 Teel. gelbe Senfkörner*
- *1 kleines Lorbeerblatt*
- *50 g Butterschmalz*
- *100 g Cashewkerne*
- *1/2 Teel. Ingwerpulver*
- *1/8 l Gemüsebrühe*
- *300 g tiefgekühlte Erbsen, aufgetaut*
- *1 Eßl. Currypulver*
- *Salz*
- *1 Prise Zucker*
- *2–3 Eßl. Sahnejoghurt*

Preiswert • Raffiniert

Pro Portion etwa:
1800 kJ/430 kcal
23 g Eiweiß · 27 g Fett
26 g Kohlenhydrate

- Zubereitungszeit: etwa 35 Minuten

1. Den Wirsing von den äußeren Blättern befreien, vierteln, waschen und abtropfen lassen. Die Viertel in etwa 2 cm breite Streifen schneiden, dabei den Strunk entfernen.

2. Die Chilischoten, die Senfkörner und das Lorbeerblatt im Mörser zerstoßen. Das Butterschmalz im Wok erhitzen und die Cashewkerne darin unter Rühren goldgelb rösten, dann beiseite stellen. Im Butterschmalz die zerstoßenen Gewürze und das Ingwerpulver unter Rühren etwa 1 Minute anrösten.

3. Den Wirsing zufügen und unter Rühren solange dünsten, bis er ganz zerfallen ist. Erst dann die Gemüsebrühe und die Erbsen zugeben. Alles zugedeckt etwa 8 Minuten schmoren.

4. Das Currypulver einrühren und das Gericht mit Salz und dem Zucker würzen. Ohne Deckel noch etwa 5 Minuten schmoren, damit ein Teil der Flüssigkeit verdampfen kann.

5. Das fertige Gericht mit dem Sahnejoghurt verfeinern und mit den Cashewkernen vermengen. Dazu Reis servieren.

Pilzragout mit Bleichsellerie

Zutaten für 4 Personen:
- *400 g Austernpilze*
- *250 g Shiitake-Pilze*
- *400 g braune Champignons (Egerlinge), ersatzweise große weiße Champignons*
- *4 Stangen Bleichsellerie*
- *2 Zwiebeln*
- *1/2 Bund glatte Petersilie*
- *40 g Butterschmalz*
- *4 Eßl. trockener Weißwein*
- *4 Eßl. Crème fraîche*
- *Salz*
- *weißer Pfeffer, frisch gemahlen*
- *1/2 Teel. geschroteter Koriander*

Schnell • Raffiniert

Pro Portion etwa:
1200 kJ/290 kcal
9 g Eiweiß · 21 g Fett
8 g Kohlenhydrate

- Zubereitungszeit: etwa 25 Minuten

1. Die Austern- und Shiitakepilze mit Küchenpapier abreiben. Von den Austernpilzen die harten Stiele, von den Shiitakepilzen die Stielenden abschneiden. Die Champignons putzen und die Haut von den Hüten abziehen. Alle Pilze in dünne Scheiben schneiden.

2. Den Bleichsellerie putzen und in etwa 2 cm große Stücke schneiden. Die Zwiebeln schälen und fein würfeln. Die Petersilie abspülen, trockenschütteln und hacken.

3. Das Butterschmalz im Wok erhitzen und die Zwiebeln darin glasig braten. Die Pilze und den Bleichsellerie zufügen und unter Rühren etwa 1 Minute braten. Den Wein angießen und alles etwa 3 Minuten schmoren. Dabei immer wieder umrühren. Mit der Crème fraîche verfeinern und erst jetzt mit Salz, Pfeffer und dem Koriander abschmecken. Mit der Petersilie bestreuen und zu Nudeln servieren.

Im Bild hinten: Wirsingcurry mit Cashewkernen
Im Bild vorne: Pilzragout mit Bleichsellerie

Grünes Gemüsecurry

Zutaten für 4–6 Personen:
250 g ganz zarte grüne Bohnen (Kenia- oder Prinzeßbohnen)
250 g Zuckerschoten
2 grüne Paprikaschoten
4 spitze gelbe Paprikaschoten
1 grüne Pfefferschote
1 Bund Frühlingszwiebeln
4 junge Möhren
3 Knoblauchzehen
1 Stück frische Ingwerwurzel (etwa 3 cm)
5 Eßl. Erdnuß- oder Sojaöl
1 Teel. helle Senfkörner
1 Teel. geschroteter Koriander
100 g Kokosflocken
1/4 l Gemüsebrühe
Salz
1 Teel. Zucker
150 g Sahnejoghurt
1–2 Eßl. Currypulver

Braucht etwas Zeit

Bei 6 Personen pro Portion etwa:
1700 kJ/400 kcal
15 g Eiweiß · 28 g Fett
26 g Kohlenhydrate

- Zubereitungszeit: etwa 45 Minuten

1. Die Bohnen und die Zuckerschoten abfädeln, waschen und abtropfen lassen. Prinzeßbohnen einmal brechen.

2. Die grünen Paprikaschoten an den Nahtstellen aufschneiden, von Stengelansätzen und Samensträngen befreien. Die gelben Paprikaschoten und die Pfefferschote längs halbieren, die Stengelansätze abschneiden, die Samenstränge und die Kerne sorgfältig entfernen.

3. Alles abspülen und gründlich abtropfen lassen. Grüne und gelbe Paprika in feine Streifen schneiden, die Pfefferschote sehr fein würfeln.

4. Die Frühlingszwiebeln putzen, die weißen Knollen fein würfeln, die grünen Teile schräg in dünne Ringe schneiden. Die Möhren schälen oder schaben und sehr fein würfeln. Die Knoblauchzehen und den Ingwer schälen und hacken.

5. Das Öl im Wok erhitzen. Den Ingwer und den Knoblauch mit den Senfkörnern und dem Koriander hineingeben und unter Rühren bei nicht zu starker Hitze rösten, bis der Knoblauch glasig ist. Er darf nicht braun werden, dann wird er bitter.

6. Mit den Bohnen beginnend das Gemüse portionsweise ins Öl geben und jeweils etwa 30 Sekunden andünsten, dann zur Seite schieben und die nächste Portion in den Wok geben. Wenn alles Gemüse verbraucht ist, die Kokosflocken unterrühren und das Gemüse mit der Gemüsebrühe ablöschen.

7. Das Gemüse unter häufigem Wenden 6–8 Minuten garen. Es soll auf jeden Fall noch Biß haben. Erst jetzt mit Salz und dem Zucker würzen. Den Wok vom Herd nehmen und den Joghurt unter das Gemüse rühren. Das fertige Gericht kräftig mit dem Curry abschmecken. Dazu schmeckt Reis.

Ganz in Grün sieht dieses Gemüsecurry nicht nur schön aus, es schmeckt auch toll.

Paksoi mit Garnelen

Paksoi, auch als Pak-Choi oder Chinesischer Senfkohl im Handel, stammt aus Südostasien und wird in Europa erst seit wenigen Jahren angebaut.

Zutaten für 4 Personen:

400 g geschälte Nordseegarnelen
1 Eiweiß
1 Eßl. Speisestärke
schwarzer Pfeffer, frisch gemahlen
1 großer oder 2 kleine Köpfe Paksoi (etwa 600 g)
1 Zwiebel
1 Knoblauchzehe
4 Eßl. Erdnuß- oder Sojaöl
1/8 l Hühnerbrühe
4 Eßl. trockener Weißwein
Salz
1 Prise gemahlener Ingwer

Gelingt leicht
Raffiniert

Pro Portion etwa:
1900 kJ/450 kcal
29 g Eiweiß · 29 g Fett
15 g Kohlenhydrate

- Zubereitungszeit: etwa 30 Minuten

1. Die Garnelen unter fließendem Wasser abspülen und abtropfen lassen. Das Eiweiß halbsteif schlagen und mit der Speisestärke verrühren. Die Garnelen gut pfeffern und mit dem Eiweiß mischen.

2. Vom Kohl den Strunk so abschneiden, daß die Blätter lose auseinanderfallen. Abspülen und gut abtropfen lassen. Das Blattgrün entfernen und grob hacken. Die fleischigen Blattstiele längs und quer halbieren. Die Zwiebel und den Knoblauch schälen und fein würfeln.

3. 2 Eßlöffel von dem Öl im Wok erhitzen und die Blattstiele darin unter Rühren etwa 2 Minuten andünsten. Mit je 2 Eßlöffeln Hühnerbrühe und Wein ablöschen und etwa 5 Minuten garen. Dann heraus nehmen und beiseite stellen.

4. Das restliche Öl im Wok rauchheiß werden lassen, die Zwiebeln und den Knoblauch darin glasig braten. Die Garnelen zufügen und unter Rühren etwa 2 Minuten braten. Die übrige Hühnerbrühe und den restlichen Wein angießen. Die Kohlblätter und Blattstiele zufügen, aufkochen. Mit Salz und dem Ingwer würzen.

Bohnen mit Bambussprossen

Zutaten für 4 Personen:
1 kg Dicke Bohnen
250 g ganz zarte grüne Bohnen (Kenia- oder Prinzeßbohnen)
250 g Bambussprossen (aus der Dose)
2 Eßl. kaltgepreßtes Olivenöl
20 g Butterschmalz
1/4 l Hühnerbrühe
1 Teel. Speisestärke
Salz
weißer Pfeffer, frisch gemahlen

Für Ungeübte

Pro Portion etwa:
1600 kJ/380 kcal
24 g Eiweiß · 21 g Fett
26 g Kohlenhydrate

- Zubereitungszeit: etwa 35 Minuten

Tip!

Das Gemüse kann als Einzelgericht in einem mehrgängigen Menü serviert werden. Es schmeckt aber auch als Beilage zu hellem Fleisch oder gebratenem Fisch. Wenn Sie tiefgekühlte Dicke Bohnen verwenden, brauchen Sie etwa 300 g. Sie werden ebenso wie die frischen zubereitet.

1. Die Dicken Bohnen enthülsen und etwa 3 Minuten in kochendem Wasser blanchieren. Kalt abschrecken und die Bohnenkerne aus den Häuten lösen.

2. Die grünen Bohnen abfädeln, waschen und gründlich abtropfen lassen. Prinzeßbohnen einmal brechen. Die Bambussprossen abtropfen lassen und dann mit dem Buntmesser in etwa 5 mm dicke, 2 cm breite und 3 cm lange Streifen schneiden.

3. Das Öl und das Butterschmalz im Wok erhitzen und das Gemüse darin unter Rühren knapp 2 Minuten anbraten. Von der Hühnerbrühe 2 Eßlöffel abnehmen, den Rest in den Wok geben. Das Gemüse zugedeckt etwa 5 Minuten kochen lassen.

4. Die Speisestärke in der abgenommenen Brühe glattrühren und das Gemüse damit binden. Mit Salz und Pfeffer würzen und auf einer Platte anrichten.

Austernpilze mit Sellerie

Zutaten für 4 Personen:
500 g Austernpilze
2 Stangen Bleichsellerie
4 Frühlingszwiebeln
125 g Cherrytomaten
4 Eßl. kaltgepreßtes Olivenöl
4 Eßl. trockener Weißwein
Salz
weißer Pfeffer, frisch gemahlen
1–2 Teel. Balsamessig
1 Prise Zucker

Gelingt leicht
Raffiniert

Pro Portion etwa:
1200 kJ/290 kcal
3 g Eiweiß · 25 g Fett
4 g Kohlenhydrate

- Zubereitungszeit: etwa 35 Minuten

1. Die Austernpilze mit einem Tuch abreiben. Die harten Stiele abschneiden. Die Pilze, je nach Größe, im Ganzen lassen, halbieren oder vierteln.

2. Den Bleichsellerie putzen, waschen und abtropfen lassen. Das Grün abschneiden, grob hacken und beiseite stellen. Die Stiele quer in etwa 2 cm dicke Scheiben schneiden.

3. Die Frühlingszwiebeln putzen und schräg in dünne Ringe schneiden. Die Cherrytomaten waschen, abtropfen lassen und quer halbieren.

4. Das Öl im Wok erhitzen. Die Pilze, den Bleichsellerie und die Frühlingszwiebeln hineingeben und unter Rühren etwa 2 Minuten braten. Den Wein angießen und das Gemüse unter häufigem Wenden solange dünsten, bis die Flüssigkeit fast verdunstet ist. Erst dann mit Salz, Pfeffer, dem Essig und dem Zucker abschmecken.

5. Die Cherrytomaten zufügen und ganz kurz erwärmen. Das Gemüse mit dem Selleriegrün bestreuen. Als Beilage zu pochiertem Fisch oder hellem Fleisch oder als Einzelgericht in einem mehrgängigen Menü servieren.

Rosenkohl-Apfel-Gemüse

Zutaten für 4 Personen:
800 g Rosenkohl
75 g Butter
1/8 l Gemüsebrühe
500 g säuerliche Äpfel (z.B. Boskop)
1/2 Teel. geschroteter Koriander
1 Teel. geschälte Sesamsamen
6 Eßl. trockener Weißwein
Salz
weißer Pfeffer, frisch gemahlen
1 Prise Zucker

Raffiniert

Pro Portion etwa:
1500 kJ/360 kcal
18 g Eiweiß · 21 g Fett
21 g Kohlenhydrate

- Zubereitungszeit: etwa 35 Minuten

1. Den Rosenkohl putzen, waschen, abtropfen lassen und an den Stielenden über Kreuz einschneiden.

2. 30 g von der Butter im Wok erhitzen und den Rosenkohl unter Rühren 2–3 Minuten andünsten. Die Gemüsebrühe angießen und zugedeckt etwa 15 Minuten garen.

3. Die Äpfel schälen, vierteln, von Kerngehäusen, Blüten- und Stengelansätzen befreien und quer halbieren.

4. Den Rosenkohl mit der Garflüssigkeit aus dem Wok nehmen. Die restliche Butter im Wok erhitzen. Den Koriander und die Sesamsamen darin etwa 1 Minute rösten.

5. Die Äpfel zufügen und etwa 1 Minute andünsten, dabei häufig wenden. Mit dem Wein begießen und zugedeckt etwa 5 Minuten schmoren.

6. Den abgetropften Rosenkohl mit den Äpfeln mischen und unter Rühren in etwa 1 Minute heiß werden lassen, mit Salz, Pfeffer und dem Zucker abschmecken.

Im Bild hinten:
Austernpilze mit Sellerie
Im Bild vorne:
Rosenkohl-Apfel-Gemüse

Zum Gebrauch
Damit Sie Rezepte mit bestimmten Zutaten noch schneller finden können, stehen in diesem Register zusätzlich auch beliebte Zutaten wie Bambussprossen oder Tofu – ebenfall alphabetisch geordnet und halbfett gedruckt – über den entsprechenden Rezepten.

IMPRESSUM

Umschlag-Vorderseite:
Das Rezept für Garnelen mit Paprikagemüse finden Sie auf Seite 42.

© 1992 Gräfe und Unzer Verlag GmbH, München.
Alle Rechte vorbehalten. Nachdruck, auch auszugsweise, sowie Verbreitung durch Film, Funk und Fernsehen, durch fotomechanische Wiedergabe, Tonträger und Datenverarbeitungssysteme jeglicher Art nur mit schriftlicher Genehmigung des Verlages.

Redaktion: Claudia Bräunig
Layout: Ludwig Kaiser
Typografie und Herstellung: Jürgen Bischoff
Fotos: Odette Teubner, Kerstin Mosny
Umschlaggestaltung: Heinz Kraxenberger
Satz: Computersatz Wirth, Regensburg
Reproduktionen: ORD, Gronau
Druck: Appl
Bindung: Sellier
ISBN 3-7742-1181-7

Auflage 9. 8. 7. 6.
Jahr 1999 98 97 96

Veronika Müller
ist gelernte Hauswirtschaftsleiterin und Journalistin und lebt heute in Badens schönster Ecke, der Ortenau. Sie ist bereits seit 20 Jahren als freie Foodjournalistin tätig und schreibt neben Büchern Ernährungs- und Rezeptbeiträge für Zeitschriften. Dies ist ihr 9. Küchenratgeber, den sie für Gräfe und Unzer geschrieben hat.

Odette Teubner
wurde durch ihren Vater, den international bekannten Food-Fotografen Christian Teubner ausgebildet. Heute arbeitet sie ausschließlich im Studio für Lebensmittelfotografie Teubner. In ihrer Freizeit ist sie begeisterte Kinderporträtistin – mit dem eigenen Sohn als Modell.

Kerstin Mosny
besuchte eine Fachhochschule für Fotografie in der französischen Schweiz. Danach arbeitete sie als Assistentin bei verschiedenen Fotografen, unter anderem bei dem Food-Fotografen Jürgen Tapprich in Zürich. Seit März 1985 arbeitet sie im Fotostudio Teubner.